西南刑事法与毒品犯罪研究学术文库

诉讼欺诈犯罪研究

吴仁碧 著

中国人民公安大学出版社
·北 京·

图书在版编目（CIP）数据

诉讼欺诈犯罪研究/吴仁碧著．—北京：中国人民公安大学出版社，2012.1

（西南刑事法与毒品犯罪研究学术文库）

ISBN 978-7-5653-0719-5

Ⅰ.①诉…　Ⅱ.①吴…　Ⅲ.①诈骗罪—刑事诉讼—研究　Ⅳ.①D915.3

中国版本图书馆 CIP 数据核字（2011）第 260100 号

西南刑事法与毒品犯罪研究学术文库

诉讼欺诈犯罪研究

吴仁碧　著

出版发行：中国人民公安大学出版社
地　　址：北京市西城区木樨地南里
邮政编码：100038
经　　销：新华书店
印　　刷：北京蓝空印刷厂

版　　次：2012 年 1 月第 1 版
印　　次：2012 年 1 月第 1 次
印　　张：6.375
开　　本：880 毫米×1230 毫米　1/32
字　　数：170 千字

书　　号：ISBN 978-7-5653-0719-5
定　　价：25.00 元

网　　址：www.cppsup.com.cn　www.porclub.com.cn
电子邮箱：zbs@cppsup.com　zbs@cppsu.edu.cn

营销中心电话（批销）：010-83903254
警官读者俱乐部电话（网购、邮购）：010-83903253
读者服务部电话（书店）：010-83903257
法律图书分社电话：010-83905745

西南刑事法与毒品犯罪研究学术文库

总 序

西南政法大学法学院自成立以来一直是我国西部地区刑事法教学与研究的一个重镇。同时，它也是我国西部地区唯一一个刑法学博士学位授权点，多年来为我国培养了大批优秀法学人才。学科教师队伍中，老中青不同层次都不乏优秀学者，也产出了很多有价值的科研成果。

刑法学科长期研究领域的一个重要方面就是毒品犯罪研究。以刑法学为依托，西南政法大学在十年前建立了“毒品犯罪与对策研究中心”，这是我国西部最早建立的毒品问题研究基地，并被重庆市政府认定为“重庆市人文社会科学重点研究基地”。因此，西南政法大学的毒品问题研究与刑事法研究从来都是紧密联系的。以与法律有关的毒品问题研究为起点，西南政法大学对毒品问题的研究逐步扩大到各个方面，并产生了一批优秀成果，如由我校赵长青教授主编的《禁毒全书》被人们称为一部有关禁毒专题的“百科全书”，并被江泽民主席作为礼品赠送给联合国禁毒署。毒品问题研究是西南政法大学刑事法学研究的一个突出特色和强项。我们这次推出的“西南刑事法与毒品犯罪研究学术文库”就突出了西南政法大学法学院研究领域中的这一特色。

出版这套文库，对西南政法大学法学院来说不仅是郑重推出了一批优秀的研究成果，还有着特殊的意义，这就联系到西南政法大学（以下简称西政）自2009年起一轮具有深刻意义的重大改革。我们西政学子历来有着深切关怀学校发展命运的长期传统，尽管西政是块金字招牌，但如何使它重新崛起，近年来一直是西政新老学子心中的共同关切。2009年3月以来，西南政法大学党政领导推出了一系列重大改革措施，包括二级管理体制改革、引进海内外高层次人才等，力图实现“改革提高，突出特色，促转型升格，建高水平大学”的目标，简称“转型升格”。现在，“转型升格”的战略目标确立了，做什么，怎么做，西政学子上下一致的一个共同认识可以反映在李昌麒教授为全校党政领导所作的“关于学习科学发展观”的报告中，那就是“多出成果、快出成果、出好成果”。在这样的背景下，法学院与其他学院共同担负着“大幅提高学术研究水平、产生优秀学术成果”的重任。在学院诉讼法学科已是全国重点学科的情况下，刑法学科急起直追，实现“学术创新，成果丰收”就成为学院工作的重中之重。全体学科成员深刻认识到共同担负的历史使命，决定同心同力实现新的学科规划，为西南政法大学转型升格，为刑事法与毒品问题研究实现新的突破，作出历史贡献。“西南刑事法与毒品犯罪研究学术文库”就是这一共同努力的成果。

这套丛书在研究内容、研究方法上有其自身特色：

在研究内容上，丛书包含了刑法基本理论研究，包含了对国际著名刑法学基本思想、基本理论的历史比较研究，包含了刑事法与毒品犯罪问题的内在关联性研究等。

在研究方法上，丛书作者们尝试引入实证方法，尤其是在毒品犯罪问题研究上，以经验调查为基础，获得关于毒品犯罪问题的科学数据，并对数据作出科学的统计分析，以达成具有实践意义的研究结论。

丛书作者们秉持西南政法大学“理论与实践相结合”的优良学风，选题上密切关注刑事法与毒品犯罪问题研究的重大现实问题，以达到理论与实践的结合。作者们普遍保持开放的心态和开阔的视野，重视国际文献的发展，重视借鉴国际先进的刑事法理论与实践，毒品犯罪问题的政策与控制的经验，结合我国国情，实现内容上和成果上的新的突破。

我们期望并相信，经过组织者、作者和出版者的共同努力，这套“西南刑事法与毒品犯罪研究学术文库”一定会对我国这方面的研究作出有价值的贡献。

刘建宏

2011 年 2 月 31 日

目　录

引 言

诉讼欺诈现象在我国早已有之，而近年来呈蔓延攀升之势。由于我国刑法理论、司法实务界对其定性的争议，更由于我国现行刑法有关规定的漏洞与缺陷，行为人受到刑法制裁的风险相当低，相比其可能得到的高额收入或非法利益，违法成本太低，以致出现了大批“冒险家”、“掘金者”进行诉讼欺诈，他们妄图钻法律的空子来满足自己的私欲，极大地扰乱了司法秩序，损害了他人的合法权益，对其必须予以严厉打击已成为国人的共识。但如何在现有法律框架下定性惩处观点各异，对将来如何完善立法以遏制诉讼欺诈的蔓延猖獗更是百家争鸣。笔者立足于我国国情，在前人已经取得的研究成果的基础上，并借鉴其他国家和地区的刑法理论、刑法立法及司法实践，试图对诉讼欺诈的定性得出正确的求解方案，以期对司法实践定处此类案件有所帮助。如能促使最高司法机关尽早出台针对诉讼欺诈定性的司法解释以统一司法、启动修改刑法以适应打击此类行为的需要，笔者的写作目的就已达到了。

第一章 诉讼欺诈概述

第一节 我国诉讼欺诈现状

一、诉讼欺诈概况

新中国成立后至20世纪90年代以前，尽管也有诉讼欺诈发生，但少见且欺诈后果不严重。随着改革开放的深化，假破产案件增多（如刑法未规定虚假破产罪，也可将虚假破产案件归为诉讼欺诈案件类别，虚假破产罪是2006年《刑法修正案（六）》才新增的罪名），其他类型的诉讼欺诈案也呈不断上升之势，到20世纪90年代末达到第一个高峰。2008年受国际金融危机的影响，我国许多企业陷入债务危机；2011年由于国家紧缩银根使许多企业陷入高利贷泥潭，为摆脱债务危机而进行诉讼欺诈的案件突增。据浙江省高级人民法院不完全统计，从2008年初到2008年5月，该省经法院审理确认属于虚假诉讼的案件就有107件。① 诉讼欺诈案件到2009年上半年

① 袁定波：《虚假诉讼案件已明显有蔓延之势 司法实务界建议修正刑法解决对虚假诉讼制裁问题》，载《法制日报》2009年5月30日。

达到又一个高峰。[1] 据浙江省检察院法律政策研究室的初步统计，仅2006~2010年8月底，全省检察机关通过民事申诉等渠道发现线索，并最终进入刑事诉讼环节的虚假诉讼犯罪案件就达86件104人。全省除舟山市外，其余10个设区的市检察机关都查处过虚假诉讼犯罪案件，案件最多的台州市达35件45人之多。而从法院方面传来的信息更令人吃惊，仅以经济欠发达的丽水市为例，下属的四所基层人民法院近年来发现虚假诉讼案件近200件。在经济发达的东阳市法院，更有九成法官声称他们碰到过虚假诉讼。[2]

2001~2009年，广东全省法院共识别虚假民事诉讼案件约940件，类型主要集中在房产、追索劳动报酬、借贷、离婚等纠纷及相关执行案件。[3] 北京市第一中级人民法院对2008年审结的100件二审改判案件进行抽样分析，结果显示，超过20%的案件存在着诉讼欺诈行为。[4] 然而由于我国刑法对诉讼欺诈无明确规定，理论实践对此认识不一（来自浙江省宁波市、玉环县、永康市三地的统计结果表明，对虚假诉讼现象不予制裁或采取民事诉讼规定的制裁措施进行制裁占很大比例，采取刑事制裁措施的则明显偏少）。故研究诉讼欺诈案件定性和刑法应如何规制诉讼欺诈具有重大的实践意义。

---

① 陈东升：《特别关注：全国首个阻击虚假诉讼规定出台的内幕》，载《法制日报》2008年12月16日。

② 陈东升、马岳君、黄胜贤、刘波：《虚假诉讼愈演愈烈 浙江打防出重拳》，载http：//www.legaldaily.com.cn，2010年12月17日访问。

③ 戎明昌、何娟：《广东高院出台新规防治虚假民事诉讼》，载http：//www.chinanews.com/home/，2010年11月1日访问。

④ 王锲夫：《从一场荒诞的讨薪闹剧看诉讼欺诈》，载《公民导刊》2010年第1期，第41页。

二、诉讼欺诈的表现

诉讼欺诈在司法实务中的表现多种多样，从行为人本身行为方式来看，具体如下：一是行为人自己伪造有关书证，如借据、欠条、还款协议等向法院提起诉讼；二是采用欺骗或威胁手段让被害人自己写下欠条、借据、还款承诺等，如被害人不给钱则以此向法院提起诉讼索要；三是对被害人已经履行的债务因行为人的欺诈或被害人疏忽未取回欠条、借据，行为人以欠条、借据向法院提出追偿之诉；四是与对方或第三人串通，编造根本未曾发生的债权债务关系，伪造欠款协议、借款协议、交易合同等，让法院或仲裁机构作出有利于自己或他人的判决、裁定、仲裁等。以上几种情形可以是图谋非法占有公私财物，也可以是损害他人合法权益等。

从行为人是否与对方当事人串通来看，有与对方当事人串通进行的诉讼欺诈，也有不与对方当事人串通进行的诉讼欺诈。从行为人是否以非法占有为目的来看，有以非法占有为目的的诉讼欺诈，也有不以非法占有为目的的进行的诉讼欺诈，不以非法占有为目的的如虚构事实起诉对方，达到损害对方商业信誉、商品声誉、人格名誉等合法权益之目的，或提高自己知名度置损害他人利益于不顾。例如，起诉诬称对方的产品属于假冒伪劣产品，诬称对方侵犯自己商业秘密、专利权等要求对方停止侵害、赔偿自己损失，诬称配偶有第三者要求法院判决自己离婚，或在他人正处于被提拔被选举的关键时刻伪造证据等向法院起诉对方殴打、伤害自己，伪造证据打击假冒伪劣产品以图通过诉讼吸引媒体的注意从而扩大影响以获得广告效应，等等。从行为人是为骗取法院的裁判还是骗取法院的执行来看，有的是骗取法院作出错误判决、裁定、调解书，有的是伪造证据等申请仲裁、申请公证虚假的债权文书，使仲裁机构作出错误裁决、使公证机构作出错误公证，然后向法院申请强制执行，以图非法占有他人财物。例如，2009 年向政协提出请求全国人大常委对诉讼欺诈按诈骗罪解释议案的全国政协委员李文岳称，提该议案源于几年前两名不法分子在与一家国有企业协商经销该企业生产的产品时，通过行贿买通了这个国有企业的个别人员，先在经过领导审查、待签的销售合同中偷偷加入了与其他条款相抵触的不合理条款，然后伪造大量的交易事实和证据来证明这个国有企业违约，并通过串谋其他公司，伪造由于该国有企业违约造成其无法履行与其他公司合同的虚假纠纷，并自己代其他公司聘律师来告自己。在骗取了仲裁机构要求他们支付赔偿金的裁决后，以此为依据另案诉请该国有企业支付近千万元的巨额赔偿，并最终骗取了仲裁裁决，向法院申请执行。由于发现及时，公安机关介入侦查取得其作假的确凿证据，该国有企业申请法院撤销裁决，才使两名不法分子骗取国有企业财产的企图没有得逞。但是，由于现行法律没有明确规定诉讼诈骗属诈骗罪，法院以其在申请仲裁过程中撤回伪证，且无法确定被害人实际损失为由认定诈骗罪不成立，涉案的诉讼诈骗行为人最终没有得到法律制裁。[①] 从行为人是否与司法人员勾结作案来看，有不与司法人员勾结作案，也有的以行贿或直接与法院工作人员勾结进行诉讼欺诈等。

三、诉讼欺诈的危害

诉讼欺诈的危害如下：一是损害司法机关声誉、扰乱司法

---

① 邓新建：《诉讼诈骗频发呈全国蔓延趋势》，载《法制日报》2009 年 3 月 9 日。

机关审判秩序。诉讼欺诈由于借法院之手来达自己非法目的，被害当事人在憎恨行为人的同时对司法公正产生怀疑，对国家的法制失去信心；有的被害人在告状、申诉的同时还与司法工作人员发生冲突，使国家审判机关正常的审判活动被扰乱。二是侵犯他人、国家和社会的各种合法权益，特别是侵犯公私财产权。从司法实践中出现的诉讼欺诈案件造成被害人的损失看，经济损失成百上千万元的并不罕见，有的还将被害公司、企业拖入破产倒闭境地，还有的致被害人自杀身亡。三是浪费司法资源。我国现行司法资源非常有限，特别是审判机关长期处于超负荷的运转之中，百姓打官司本来就困难，诉讼欺诈使司法机关常将本不该立的案件立案审判，或导致遭受诉讼欺诈之害的被害人四处上告，司法机关会花大量人力、物力、财力来审核申诉、进入审判监督程序纠正案件，使本来就十分紧缺的司法资源更为紧缺。

例如，2001 年 9 月，广东省四会市人民法院开庭审理李某诉张某夫妇等 4 人借款 1 万元经济纠纷案，当时李某持有张某夫妇等人写的借条，而张某辩称借条是由李某与冯某持刀威逼所写的。法庭经过审理认为，无证据证明借条是在威逼的情况下写的，于是认为借条有效，判处被告应予还钱。当年 11 月 14 日，张某夫妇在四会市人民法院外喝农药自杀身亡。[①] 尽管李某及其同伙受到法律制裁，办案法官受到处理，但死去的人不能复生，法院公正司法权威已受到损害。

又如，2011 年 1 月 16 日法制网披露的宁夏全区检察机关受理并成功抗诉的首例虚假诉讼案，是宁夏路星公司被逼停工

---

① 南都：《老夫妇败诉法院门口自杀　法官涉嫌玩忽职守受审》，载《扬子晚报》2003 年 4 月 25 日。

引出的背后官司。2008 年，宁夏齐天园公墓有限公司由于经营不善，陆续欠下宁夏路星物资有限公司 1124 万余元的巨额债务后，资不抵债。路星公司诉诸法律，取得了齐天园公司的经营权，这其中包括齐天园公司此前从银川林场承包的一块用于公墓建设的土地。路星公司取得这块土地的承包经营使用权后，继续在原有基础上修建公墓陵园。

2009 年 5 月 18 日下午，路星公司办公室主任张某接到一个来自公墓施工方的电话："主任，又来了一伙人在工地上闹事，又打又砸，还要让我们把刚修好的墓拆了。"已经两次接到求助电话的张某有些纳闷：这段时间为什么总是有一伙人一而再、再而三地到工地来闹事？张某思来想去，决定向公安机关报案。

公安机关调查后发现，围绕这块土地发生的，不仅是一连串的破坏活动，还牵扯到另一起合同纠纷。

原来，在 2009 年年初，一个名叫沈某某的 70 岁老人拿着一份土地承包合同把齐天园公司告上了法庭，声称他曾于 2007 年与银川林场签订了一份土地承包合同，他才是真正享有这块土地承包经营使用权的人，并据此要求齐天园公司立即拆除已经在这块土地上修建的公墓建筑。在诉讼过程中，齐天园公司刻意隐瞒了这块地已经被路星公司托管的事实，表示完全同意沈某提出的要求。法院遂判决齐天园公司拆除土地上的附着物并承担一切拆除费用。

正是在这一背景下，路星公司的施工现场频遭破坏。

在对这起案件进行初步审查后，办案检察官杨丽对此案产生了质疑，"这起民事诉讼案表面上看似乎顺理成章，但却经不起仔细琢磨，里面存在着很多疑点"。其一，原告沈某某已是古稀之年，为何他不在家安享天伦之乐，却要承包土地，再度创业；其二，在法院审理本案的过程中，作为原告的沈某某自始至终从未露面，这显得有些不合常理；其三，沈某某要求被告拆除公墓，但法院判决生效后，他从未申请执行，却不断有人到工地上闹事，这又是什么原因？

经过进一步审查，检察人员发现，沈某某与被告齐天园公司的法定代表人杨某其实是儿女亲家。这起案件极有可能是一起经过精心策划的虚假诉讼。

原来，早在 2007 年，齐天园公司的债务危机就已经暴露出来。看到公司极有可能由于资不抵债，为债权人路星公司所有，杨某和弟弟心有不甘。如何才能继续占有这块土地的使用权，只留给路星公司一个“空壳”？杨氏兄弟两人一合计，想出一条未雨绸缪的“妙计”。

2007 年 3 月，杨氏兄弟让亲家沈某某与银川林场又签订了一份土地承包合同，将原本由齐天园公司承包经营的土地承包下来。这样一来，这块土地名义上是沈某某承包的，但实际上依然可以由杨氏兄弟继续开发经营。而银川林场在没有和齐天园公司解除合同的情况下，就将土地二次发包给了沈某某。

2008 年，齐天园公司终因资不抵债，被法院判决由路星公司全面接管。看到自己的公司转眼成了别人的，杨氏兄弟仍不甘心，便找人“告自己”，自导自演了一起亲家“反目”、对簿公堂的虚假诉讼案。他们指使亲家沈某某拿着早已准备好的土地承包合同，将齐天园公司告上法庭，要求拆除已经在土地上建起来的陵园建筑，而后又三番五次地派人到施工现场闹事。他们认为，这样做能夺回这块土地的承包经营使用权而从中受益。根本不考虑给路星公司造成的巨额经济损失。

检察人员通过调阅原始卷宗审查，在多方走访当事人后，逐渐揭开了隐藏在这起诉讼案背后的真相。面对检察官的质疑，已是古稀之年的沈某某终于承认，他从未插手过这块地的经营，他甚至连这块地的具体位置都不知道，要打这场官司完全是受他人指使。

此外，检察人员还查明，在沈某某诉齐天园公司一案中，齐天园公司故意没有向法院出示证明该公司已经被路星公司托管的证据，致使路星公司未能参与本案诉讼。这起案件审查结束后，银川市人民检察院以案件出现新证据、足以推翻原判决以及程序违法为由，向法院提出抗诉。此后，法院启动再审程序，撤销上述虚假诉讼。①

上述案件尽管最终得到纠正，但路星公司四处奔走控告申诉，已遭受严重的经济损失；法院的司法权威受到损害；公安机关介入调查，检察院介入调查后启动抗诉程序、法院经过审判监督程序才使得错案得以纠正，耗费了大量的司法资源。

第二节 诉讼欺诈的概念

一、诉讼欺诈现有定义

研究诉讼欺诈的定性，首先必须界定诉讼欺诈的定义。

诉讼欺诈的定义，在我国刑法理论界并无一致的观点，连其称呼也有“诉讼欺诈”、“虚假诉讼”、“诉讼诈骗”等。因笔者主张的是广义的概念，“虚假诉讼”、“诉讼诈骗”无法全部涵括笔者的定义，故笔者使用“诉讼欺诈”。笔者梳理了理论界和地方司法解释的各种观点，主要有以下数种定义：

---

① 潘从武、田瑾：《检方披露宁夏首例虚假诉讼案真相》，载 http：//www.legaldaily.com.cn/，2011 年 1 月 16 日访问。

1. 指行为人以非法占有为目的，以民事诉讼为手段，在民事诉讼中使用虚假证据欺骗法院，使法院作出错误判决，从而骗取公私财物的行为。①

2. 指行为人以提起民事诉讼为手段，作出虚假的陈述、提出虚假的证据或串通证人提供伪造的证据，使法院作出有利于自己的判决，从而获得财物或财产上不法利益的行为。②

3. 指行为人为非法获取他人财产或财产性利益，虚构事实或隐瞒真相、伪造证据并向法院提起民事诉讼，诱使法院作出有利于自己的判决，从而获得财产或财产性利益的行为。③

4. 指行为人采取隐瞒事实真相，作虚假陈述，伪造、变更重要诉讼证据或指使、贿买、胁迫他人作伪证等非法手段，向法院提起诉讼，意图通过诉讼非法占有相对人财产或损害相对人利益的行为。④

5. 指诉讼参与人恶意串通，虚构民事法律关系或法律事实，通过符合程序的诉讼形式，使法院作出错误裁判，从而达到损害他人利益，谋取非法利益目的的违法行为。⑤

---

① 董玉庭：《论诉讼诈骗及其刑法评价》，载《中国法学》2004 年第 2 期，第 135 页。

② 刘明祥著：《财产罪比较研究》，中国政法大学出版社 2001 年版，第 251 页。相同观点还有于改之、赵慧：《诉讼诈骗行为性质之认定》，载《法学评论》2005 年第 1 期，第 156 页。

③ 柳忠卫、石磊：《诉讼欺诈行为研究——以刑法为视角的分析》，载《山东公安专科学校学报》2003 年第 5 期，第 36 页。

④ 方福建：《论诉讼欺诈行为的法律责任》，载《河北法学》2002 年第 6 期，第 150 页。

⑤ 陈桂明、李仕春：《诉讼欺诈及其法律控制》，载《法学研究》1998 年第 6 期，第 118 页。

6. 是指在民事诉讼中，当事人以提供虚假陈述并伪造证据或串通证人提供伪证的方法，使裁判机关作出有利于自己的裁判，从而使自己或与自己有关联的人从对方得到财物或财产性利益的行为。[①]

7. 浙江省高级人民法院在2008年11月《关于在民事审判中防范和查处虚假诉讼案件的若干意见》定义为：虚假诉讼“是指民事诉讼各方当事人恶意串通，采取虚构法律关系、捏造案件事实方式提起民事诉讼，或者利用虚假仲裁裁决、公证文书申请执行，使法院作出错误裁判或执行，以获取非法利益的行为。”[②] 而2010年7月7日浙江省高级人民法院、浙江省人民检察院《关于办理虚假诉讼刑事案件具体适用法律的指导意见》第1条规定：“虚假诉讼犯罪是指为了骗取人民法院裁判文书，恶意串通，虚构事实，伪造证据，向人民法院提起民事诉讼构成犯罪的行为。人民法院裁判文书包括判决书、调解书、裁定书、决定书。”

8. 是指诉讼参加人（原告与被告）恶意串通，虚构民事法律关系或法律事实，恶意制造诉讼，其目的是使法院作出生效的涉及财产关系的裁判，以创设两方之间新的法律关系或改变原有的民事权利状态，或者获取具有执行力的判决书和调解书，从而使案外人（本诉讼程序之外的自然人、法人、其他组织）的合法权利的行使受到阻碍或民事权利受到侵害以及其他损害案外人或集体利益和国家利益，为自己谋取非法利益

---

① 张卫兵：《论诉讼欺诈之刑法调整》，载《国家检察官学院学报》2004年第5期，第12页。

② 浙江省高级人民法院2008年12月4日《关于在民事审判中防范和查处虚假诉讼案件的若干意见》第1条。

的违法行为。①

9. 广义的诉讼欺诈指欺骗法院，使对方交付财产或财产上一切利益的行为，而狭义的诉讼欺诈指行为人将被害人作为被告人向法院提出虚假诉讼，使法院产生判断上的错误，进而获得胜诉判决，使被害人交付财产或者由法院强制执行将被害人的财产转移给行为人或第三者所有。②

10. 辽宁省高级人民法院于2005年3月16日印发了《关于审理诈骗犯罪案件适用法律若干问题的意见（试行）》规定："诉讼诈骗是近年司法实践中出现的一种新类型案件，一般是指行为人以提起民事诉讼为手段，通过伪造证据或者提供虚假证据欺骗法院，法院作出错误判决，并依据该判决骗取财物或者免除自己的债务。"

二、各种定义之间异同及评析

除第7种、第10种观点代表了地方司法机关的观点外，其余代表了学界对诉讼欺诈的不同定义。从以上观点可以看出，不管是理论界还是实务界，对诉讼欺诈定性无分歧的是：行为人主观上是直接故意，客观上要通过向法院提起诉讼，且有作虚假陈述，伪造、变更重要诉讼证据或指使、贿买、胁迫他人作伪证等行为欺骗法院，结局是骗取法院作出错误的裁判、假法院之手达自己的非法目的，行为主体可以是自然人也可以是单位。

---

① 于海生：《诉讼欺诈的侵权责任》，载《中国法学》2008年第5期，第80~81页。

② 张明楷：《论三角诈骗》，载《法学研究》2004年第2期，第99页。

分歧之处在于以下五点：

一是发生的领域是否只限于民事诉讼。第1、2、3、6、8、10种观点认为只限于民事诉讼，第4、5两种观点认为不限于民事诉讼，从其具体论述看还包括行政诉讼；第7种观点认为除民事诉讼外还包括申请执行仲裁裁决或公证文书的执行程序；第9种观点认为广义的诉讼欺诈可包括执行程序，不限于民事诉讼，甚至还可包含刑事附带民事诉讼等。且从两个地方司法机关的观点看，一个认为可包括申请执行仲裁裁决或公证文书的执行程序，一个认为不包括执行程序，这种分歧会导致诉讼欺诈存在的范围大不相同。可以看出，诉讼欺诈仅限于民事诉讼是主流观点。

二是是否需要诉讼参与人或当事人之间有串通。学界除第5、8种观点认为需要诉讼参与人或诉讼当事人之间串通外，其余均认为无须诉讼当事人或参与人之间有串通。同是司法机关，辽宁省高级人民法院对诉讼欺诈未限定要串通进行，但浙江省高级人民法院规定除申请执行外要求诉讼双方当事人串通，对此的不同认识决定了诉讼欺诈的受害人范围和诉讼欺诈的范围宽窄不同。按第5、7、8种观点，受害人一般是案外人，也可能是未参与串通的诉讼参加人，当事人之间或诉讼参加人之间必须要串通才属于诉讼欺诈，反之不属于；按其余观点，受害人广泛，可是对方当事人或其他未参与串通的当事人，也可是案外人，不管单方当事人诉讼欺诈还是与他方当事人、其他诉讼参加人串通进行的诉讼欺诈均属于诉讼欺诈。

笔者认为前述第5、7、8种观点所下的定义系虚假诉讼定义而非诉讼欺诈定义。诉讼欺诈与虚假诉讼既有联系又有区别，后者是前者的属概念，即虚假诉讼是诉讼欺诈的一个种类，但诉讼欺诈不只限于此种情况。

三是行为人主观是谋求财产利益还是也包括非财产性利益，各观点有分歧。第 2、5、7 种观点认为谋求的可以是财产利益也可以是非财产性的非法利益，其余认为要以非法占有他人财物或财产性利益为目的。当然将诉讼欺诈仅限于非法占有为目的的侵财型诉讼是学界、司法界的主流观点。笔者认为，究其原因，一是实践中侵财型诉讼欺诈占绝大多数，非侵财型诉讼欺诈少见；二是非侵财型诉讼欺诈似乎只涉及行为人妨害作证或伪造毁灭证据的问题，此种行为定性在法律上是明晰无争议的。前者行为人构成妨害作证罪，后者如行为人是当事人则无罪，而侵财型诉讼欺诈，如为后者，认定行为人无罪因其社会危害严重会引起疑问和责难，故将非侵财型诉讼欺诈排除在诉讼欺诈之外。

四是行为主体是否必须有原告一方。上述第 2、3、4、7、8、10 种观点明确认为必须有原告为行为主体，第 5、6 种观点认为不需要，第 1 种观点不明确，第 9 种观点将诉讼欺诈分为广义的与狭义的诉讼欺诈，广义的诉讼欺诈无须有原告，狭义的诉讼欺诈行为人必须有原告。可见诉讼欺诈以有原告为成立条件是主流观点。

五是提起诉讼是要求全虚假还是部分虚假。上述第 5、8、9 种观点认为必须是全虚假的民事法律关系或民事法律事实，第 2、3、10 种观点主张全虚假或部分虚假，只要欺骗法院均属虚假，第 1、4、6 种观点不明确是要求全部虚假还是部分虚假，但从逻辑上看是包含部分虚假内容的诉讼的。浙江省高级人民法院 2008 年解释要求提出虚假诉讼，但 2010 年与浙江省人民检察院联合作出的司法文件则改为“恶意串通，虚构事实，伪造证据，向人民法院提起民事诉讼”，意味着不要求全部虚假。可以看出，不管是主张完全虚假还是部分虚假的诉讼欺诈均构成诉讼欺诈是主流观点。

三、评析及结论

笔者认为，要给诉讼欺诈下定义，必须明确司法实践中存在哪些欺骗法院的情况，这些情况有哪些相同点和不同点，这些差异是否会引起其社会危害程度有差异进而导致入罪标准应有不同，将侵财型诉讼欺诈排除于诉讼欺诈定义之外更能解决诉讼欺诈定性的难点还是相反？对上述问题有了清晰答案才能对诉讼欺诈给出恰当的定义。

（一）行为人主体

从行为人主体看，有原告方单方进行欺诈的，也有被告方单方进行欺诈的，还有诉讼当事人之间合谋即串通欺诈损害第三人或案外人的；有当事人与证人、鉴定人合谋欺诈的，这其中还有证人、鉴定人自愿参与欺诈，也有行为人采用威胁、暴力、贿买等手段与当事人一起欺诈的；以上数种情况还可能是上述人的诉讼代理人、法定代表人进行欺诈的。前述各种关于诉讼欺诈的定义，就存在是否必须是诉讼当事人或诉讼参与人之间串通欺诈、行为人主体是否必须有原告之争。

从社会危害程度来看，原告方诉讼欺诈或原被告方串通其他人进行的诉讼欺诈危害性要远大于只有被告方进行的诉讼欺诈，因如果只有被告方进行诉讼欺诈不会导致法院立案错误，既然法院应当立案审理，就不存在浪费司法资源。原告方败诉通常是其举证不到位，降低了原告方将自己受害原因归罪于法院而损害法院权威的可能，故笔者认为只有被告方进行的诉讼欺诈不宜纳入诉讼欺诈。但原告进行诉讼欺诈，不管其成功还是不成功，均会浪费司法资源和扰乱司法秩序，故诉讼欺诈以原告为主体是其必要条件，否则就不属于诉讼欺诈。

从法院易受骗作出错误裁判的程度看，当事人之间或诉讼参与人之间有串通的诉讼欺诈比无串通的诉讼欺诈要严重得多。但以上只是相比较而言，具体到个案也有差异，故将无串通的诉讼欺诈完全排除在犯罪之外也不妥当。只要有原告方参与，有串通和无串通的诉讼欺诈在侵犯客体、主观罪过、作案手段、社会危害程度上并无明显或本质不同，存在差异的是犯罪主体数量和法院易受骗作出错误裁判的程度、浪费司法资源的程度。只有原告单方诉讼欺诈与原告方与其他诉讼参与人串通进行的诉讼欺诈一样，存在法律规制不足和如何定性难题。另据北京市第一中级人民法院对100件二审改判案件进行的分析调研发现，单方诉讼欺诈数量已占诉讼欺诈首位，[①] 如将其排除于诉讼欺诈之外，不利于单方诉讼欺诈的正确解决。故笔者认为不应将原告方单方无串通的诉讼欺诈排除于诉讼欺诈之外。

（二）主观目的

从行为人主观想达到的目的看，分为直接谋取财产利益和谋取非财产利益或只是损害他人合法权益（损人不利已）；也可分为侵财型诉讼欺诈和非侵财型诉讼欺诈，当然侵财型诉讼欺诈的发生概率远大于非侵财型诉讼欺诈。但从社会危害程度来看，很难说前者的社会危害性大于后者，笔者认为将诉讼欺诈只限于谋求财产或财产性利益不妥，原因如下：

第一，不能因为非侵财型诉讼欺诈发生概率远小于侵财型诉讼欺诈就将其排除在诉讼欺诈之外，因为是否将某类行为作

---

① 常鸣、黄海涛：《民事诉讼的“假打”与“打假”》，载 http://rmfyb.chinacourt.org/public/detail.php? id = 133877，2009 年 11 月 29 日访问。

相同定性在于其行为的四个构成要件是否基本一致，不在于其发生概率有多大。例如，刑法第239条规定的绑架罪，行为人主观目的就有索取财物和非索取财物之别，实践中发生的绑架罪绝大多数也是以获取财物为目的，非获取财物为目的很少见，但刑法也将其归为一罪，这是因为行为人目的不同不影响该罪侵犯的主要客体、行为的社会危害程度，关键是二者的客观行为方式是相同的。我们研究诉讼欺诈的目的是研究此类行为是否应纳入犯罪圈、纳入犯罪圈后如何定罪、如何处罚，以便遏制类似行为，故不能因非侵财型诉讼欺诈行为发生概率小而将其排除在外。

第二，行为人为损害对方当事人或第三人财产等合法权益并不直接获取物质利益的诉讼欺诈的社会危害性并不亚于侵财型诉讼欺诈，如为达到损害对方商业信誉、商品声誉，拖垮对方的目的提起虚假诉讼；重大选举前为打垮政敌，伪造政敌故意伤害、侮辱自己的证据向法院提出人身损害赔偿之诉等。为阻止他人结婚、破坏他人婚姻或为损害名人名誉伪造证据提起非婚生子的亲子关系认定之诉等。行为人客观上均采用了伪造证据或指使他人作伪证等提起虚假诉讼，主观上均是欺骗法院、借法院之手达到损害他人合法权益或获取自己非法利益之目的，侵犯客体均是扰乱司法机关正常的司法活动，损害法院的权威、声誉和损害他人的合法权益。财产权与非财产权均应受刑法保护，对公司、企业等单位的信誉、商誉进行损害本身也会带来巨大的财产损害，不同的是侵财型诉讼欺诈是损人利己，非侵财型诉讼欺诈可能是损人不利己，也可能是既损人又利己，该不该入罪只应衡量损人的程序而不能衡量行为人得到利益的多少。既然非侵财型诉讼欺诈的社会危害程度一般并不小于侵财型诉讼欺诈，二者只有是否可以纳人诈骗罪定处的不同，没有该不该入罪或是否将其归类为欺诈类犯罪的不同，故没有理由将非谋取财产利益的行为排除在诉讼欺诈之外。

第三，将非侵财型诉讼欺诈排除于诉讼欺诈定义之外不符合我们研究诉讼欺诈定性的目的。研究诉讼欺诈是因为我国现有刑法规定对其定性出现了法律上的难题与争议，如不存在适用法律困境和认定上的争议就没必要研究。非侵财型诉讼欺诈与侵财型诉讼欺诈一样具有适用法律的困境和定性争议，如非侵财型诉讼欺诈人无指使他人作伪证行为，只有自己伪造证据提起虚假诉讼行为，按我国现有法律无法对行为人入罪，因为帮助毁灭、伪造证据罪的犯罪主体是除当事人本人以外之人，从应然角度研究如何以刑法规制这类诉讼欺诈就成为必要。

第四，两种诉讼欺诈在犯罪构成四要件上并无本质的差异，侵财型与非侵财型诉讼欺诈在行为主体上均可以由自然人或单位构成，但必须要有原告；客观行为上均是伪造证据或指使他人作伪证等提起虚假诉讼或提起部分虚假诉讼；欺骗对象上均是诉讼相对人或法院；主观罪过均是直接故意；主要侵犯客体均是司法机关的正常活动、均要扰乱司法秩序。差异之处仅在行为人主观目的是非法占有还是损害他人合法权益，侵犯次要客体是他人财产权还是非财产权。既然两种诉讼欺诈无本质差异，对其的法律应对也应该大体相同，故笔者反对将非侵财型诉讼欺诈排除在诉讼欺诈之外。

（三）诉讼欺诈发生的领域

从诉讼欺诈可能发生的领域来看，其可发生在刑事诉讼、民事诉讼、行政诉讼中。诉讼欺诈不包括刑事诉讼中的欺诈已是共识。因为行为人捏造事实、伪造证据故意提起虚假的刑事诉讼完全符合诬告陷害罪的犯罪构成，不存在适用法律争议或认定难题；如果被害人的确受到不法侵害，基于对犯罪人仇恨在刑事诉讼中夸大受损害程度作虚假陈述、伪造受重损害证据等不会导致错误启动刑事诉讼；另外，刑事诉讼定案证据要求充分确实无合理怀疑，不像民事诉讼、行政诉讼证据要求只是优于对方证据或被诉方承认原告方主张就可认定案件事实，且刑事诉讼举证责任在司法机关，不像民事诉讼由当事人举证，故刑事诉讼中的夸大损害、欺诈法院成功概率小，社会危害性也小于民事诉讼、行政诉讼中的诉讼欺诈，不必将其犯罪化。假若被害人基于受犯罪人方收买等原因伪造证据包庇犯罪嫌疑人、被告人妨害诉讼的，可以包庇罪定处，证人作伪证可定伪证罪，不存在入罪难题和定性争议。而犯罪嫌疑人、被告人一般被剥夺或限制了人身自由，难以伪造证据，且犯罪嫌疑人、被告人本人作虚假陈述、伪造证据可在量刑时酌情从重处罚，故世界上绝大多数国家包括我国立法对犯罪嫌疑人、刑事被告人伪造证据或作虚假陈述均不认为是犯罪，理论界对此也无异议。故笔者认为诉讼欺诈活动发生的领域不在刑事诉讼中。

诉讼欺诈是否发生在刑事附带民事诉讼中也有争议，笔者认为诉讼欺诈包括了发生在刑事附带民事诉讼中的诉讼欺诈。附带民事诉讼适用的实体法、程序法与民事诉讼无异，也属于民事诉讼，如刑事被害人本无经济损失或有较少的经济损失，以伪造、毁灭证据，妨害作证来骗取法院裁判以获取经济赔偿或更多的经济赔偿等，将其排除在诉讼欺诈之外不合理。当然行为人因系合法权益遭受到刑事侵害，其入罪的条件应严于其他诉讼欺诈。

另外，诉讼欺诈是否应包含行政诉讼中的欺诈？学界对此有争议，但认为诉讼欺诈不包括行政诉讼是主流观点，如前述除第4、9种定义外均排除行政诉讼欺诈。笔者认为主流观点反对将行政诉讼欺诈纳入诉讼欺诈有两个原因：一是行政诉讼的被告是国家行政机关，如认可行政诉讼也存在诉讼欺诈会将国家行政机关也纳入诉讼欺诈的主体，而刑法规定国家机关可以成为犯罪主体的合理性早就受到许多学者的质疑，实践中将国家机关作为犯罪主体会遇到许多难题，司法实践也罕见判处国家机关作为犯罪主体的案件，因此不宜将行政诉讼中的欺诈行为纳入诉讼欺诈；二是行政诉讼欺诈的行为人一般不是以非法占有为目的，而通说观点是将诉讼欺诈限定在以非法占有为目的之中。因此，笔者也不赞同将国家机关作为犯罪主体，但国家机关不宜作为犯罪主体不能成为否定行政诉讼中存在诉讼欺诈的理由。司法实践中，行政诉讼原告伪造证据、指使他人作伪证起诉行政机关乱作为或不作为的情形并不少见，因此也不排除行政机关的诉讼代理人或法定代表人与原告勾结损害国家利益或他人利益的可能。例如，王某针对某行政机关颁发给第三人的合法行政许可提起行政诉讼，使用伪造的证据导致人民法院作出撤销该许可的判决，使第三人利益受损，自身利益增加。如将行政诉讼排除于诉讼欺诈之外，会让上述人员的不法行为逃避打击。至于行政诉讼欺诈一般不以非法占有为目的，前已论述，不能将非侵财型诉讼欺诈排除于诉讼欺诈之外，故笔者认为应将行政诉讼中的欺诈行为纳入诉讼欺诈。

诉讼欺诈是否包括行为人通过伪造证据、指使他人作伪证等行为骗取错误仲裁裁决、公证文书后申请的法院强制执行？是否可以发生在民事督促程序、公示催告等程序中？如包括，是属于民事诉讼中的欺诈还是单独一类的欺诈？笔者认为应将骗得错误仲裁裁决、公证文书后申请法院强制执行及民事督促程序、公示催告等程序中的欺诈归类于民事诉讼中的欺诈，其不是单独一类欺诈。理由如下：

第一，民事诉讼包含一审、二审、审判监督程序，也包含督促程序、公示催告程序、执行程序，这些程序同样规定在民事诉讼法中，适用民事诉讼法规定的程序运行，没有理由将其排除于民事诉讼之外。

第二，申请执行仲裁裁决、公证文书同样欺骗了法院，符合诉讼欺诈的本质。先骗得错误仲裁裁决、公证文书后申请强制执行的情形，尽管行为人伪造证据、妨害作证是发生在仲裁程序、申请公证文书阶段，未发生在法院审判阶段，但仲裁机构、公证机构无强制执行权，如行为人不向法院申请强制执行，其欺诈行为难以得逞，故最终均会申请法院强制执行。其伪造证据、妨害作证骗取仲裁裁决、公证文书的行为属于诉讼欺诈的预备行为，一般不构成犯罪。如向法院申请强制执行进入了执行程序，行为人同样虚构了事实、隐瞒了真相欺骗了法院，使法院作出错误执行，表明其欺诈行为延续到法院的诉讼阶段，故同样属于诉讼欺诈。一审、二审、审判监督程序中发生的诉讼欺诈行为人伪造证据、妨害作证等行为同样可能发生在提起民事诉讼之前，故是否属于诉讼欺诈关键在于是否欺骗了法院，使法院作出了错误的裁判或决定，是否借法院之手来达到行为人不法之目的，不在于制假、作假行为是否发生在诉讼过程中。

第三，司法实务中有一类行为属于此种情况，如将其排除在外会使研究诉讼欺诈定性的意义大打折扣。例如，本章第一节所述的全国政协委员李文岳向全国政协申请人大常委将诉讼欺诈按诈骗罪解释议案来源案件，行为人伪造国有企业违约造成自己重大损失要求国有企业赔偿的虚假纠纷也不是发生在民事诉讼中，而是发生在仲裁程序中，其骗得错误仲裁后向法院申请强制执行。另外，伪报票据丧失，通过公示催告诈取法院除权判决而损害票据权利人利益的行为也常见，他人未失踪却恶意向法院申请宣告失踪、宣告死亡等案件也不少见。这些情况同样面临定性的困惑，与审判程序中发生的诉讼欺诈一样需要研究如何解决并加以遏制。既然与审判程序中发生的诉讼欺诈没有本质的不同，就没有理由将其排除在外。

第四，诉讼欺诈不限于一审、二审、审判监督程序中的欺诈也系浙江省高级人民法院司法解释的观点，司法机关处于亲身经受诉讼欺诈之苦的处境，其对诉讼欺诈的理解具有很强的参考价值。故应将申请法院执行错误的仲裁裁决、公证文书、以造假恶意提起特别程序包括在诉讼欺诈之内。

综上所述，笔者所论的民事诉讼是广义的，除一审、二审、审判监督程序、执行程序外，还有督促程序、公示催告程序，另外还包括选民名单案件、宣告失踪、宣告死亡等特别程序，这些特别程序中发生的欺诈，骗得法院的错误裁定或决定的也属于诉讼欺诈，这种观点也得到有的学者的赞同。① 对此，日本学者大塚仁教授也持肯定态度，其在介绍诉讼诈骗时就将诉讼诈骗分为关于诉讼程序的、关于督促程序的、关于强制执行及拍卖的三种程序中的诈骗进行说明。②

但要指出的是，《民事诉讼法》修改后已删除企业法人破产还债程序一章，2006 年《刑法修正案（六）》新增设了虚假破产罪，故骗得法院宣告破产裁定的欺诈从此以后不属于诉讼欺诈。

---

① 范雪旺：《诉讼诈骗基本理论及解决路径探索——以诈骗罪构成理论重构为视角》，载《云南大学学报法学版》2009 年第 3 期，第 53 页。

② ［日］大塚仁著：《刑法概说（各论）》（第三版），冯军译，中国人民大学出版社 2003 年版，第 244 页。

（四）司法实践

从实践中发生的案件看，行为人虚构内容有部分虚构也有全部虚构。部分虚构指双方存在真实的争议法律关系，但行为人采用妨害作证、伪造毁灭证据等方式夸大或缩小事实真相，如甲借乙一万元钱到期未归还，乙将借条的“一”改成“十”向法院提起要甲偿还十万元借款之诉。全部虚构指当事人争讼的法律关系根本不存在，如甲借乙的 20 万元已归还，当得知乙将自己写的收到 20 万元还款的收条遗失后，甲持原乙写给自己借款 20 万元的借据向法院提起要乙归还 20 万元借款之诉。从前述我国学界和司法界对诉讼欺诈的定义看，认为诉讼欺诈包含全部虚构也包含部分虚构系主流观点。笔者认为，诉讼中全部虚构与部分虚构的欺诈社会危害程度有差异，前者的社会危害大于后者，一是全部虚构让司法机关立了本不该立的案件进行审判，会浪费本已很宝贵的司法资源，部分虚构因争讼事实部分存在，法院依法应当立案审理；二是从行为人主观恶性看，全部虚构行为人比部分虚构行为人主观恶性要大；三是部分虚构诉讼欺诈行为人总会在真实的证据上作假，会留下作假痕迹，审查其是否真实更容易一些。但如将部分虚构排除于诉讼欺诈之外也不妥当，因为全部虚构比部分虚构的社会危害性大一些、难识别一些的情形只具有相对性，全部虚构也可能只骗取他人少量财物，部分虚构也可能骗取他人数额巨大或特别巨大的财物，故只宜在具体定罪时对全部虚构、部分虚构掌握标准上作区别来解决，不宜将部分虚构全部排除于诉讼欺诈之外。

综上所述，笔者将诉讼欺诈定义为：为了骗取法院的裁判文书或执行，提起民事诉讼、行政诉讼或申请强制执行，在诉前或诉中虚假陈述、妨害作证、毁灭伪造证据等虚构事实、隐瞒事实真相，欺骗法院，从而达到损害他人利益，或谋取物质或非物质利益目的的行为。

笔者所主张的诉讼欺诈是广义的诉讼欺诈定义。

第三节 诉讼欺诈的特征

诉讼欺诈也是诈骗，笔者所主张的诉讼欺诈定义与普通诈骗罪相比，具有以下特征：

一、行为人主观具有谋取非法利益或损害他人合法权益之目的

谋取非法利益大多是谋取财产利益或财产性利益，也可以是非财产性利益。财产利益指直接谋取他人财产来增加行为人财产。财产性利益是指直接不表现为财物，但与财产有关可以用财物价值来衡量的利益，如通过诉讼欺诈来谋取他人商标权、专利权、商业秘密等知识产权等，得到这些权利也意味着行为人财产利益的增加、被害人财产利益的减少。谋取非财产利益如离婚、解除收养关系、获取监护权等，还有的可能行为人本人未取得任何物质利益，只损害他人利益，如损害他人名誉、造成对方破产等。损害对象可能是诉讼对方当事人，或是诉讼第三人，也可能是案外第三人，还可以是国家、社会。不管哪种情况，行为人均有谋取非法利益或损害他人合法利益之目的，主观上均为直接故意，间接故意不构成诉讼欺诈。故行为人出于保护自己合法权益目的伪造证据等欺骗法院作出有利于自己的裁判或申请强制执行等不构成诉讼欺诈。例如，行为人丢失了他人的借自己钱的借条，行为人向借款人讨要借款时对方要收借条才还款，行为人伪造了对方的借条

向对方讨要被对方拒绝，行为人以此借条向法院提出请求对方还款之诉，法院作出判决，行为人胜诉，此就不属于诉讼欺诈。当然其行为是非法的，但这种行为既未造成对方合法利益损失也未增加自己应得利益，其社会危害性大大小于以非法手段谋取非法利益的行为，对这种非法行为按诉讼法的相关规定处罚即可，不宜纳入犯罪圈。

普通诈骗罪是以非法占有为目的，诈骗对象是财物。

二、客观行为是复数行为

诉讼欺诈系复数行为而非单数行为，行为人有虚假陈述、妨害作证、伪造毁灭证据等虚构民事法律关系、虚构法律事实或隐瞒事实真相的行为，除此还必须要有向法院提起民事、行政诉讼（包括《民事诉讼法》规定的特别程序）的行为，或欺骗仲裁机构作出错误仲裁，或欺骗公证机关作出错误公证，向法院申请执行错误的仲裁裁决、公证文书的行为。其伪造证据、妨害作证、伪造毁灭证据等行为可以是在诉讼前也可以是在诉讼中，但其虚构事实、隐瞒事实真相的行为则延伸至法院受理、审理、执行期间，法院作出错误裁判、决定或错误执行是诉讼欺诈的犯罪结果，也是诉讼欺诈人的目的，有的诉讼欺诈人也骗得了财物，但获取财物不是诉讼欺诈的实行行为，即诉讼欺诈行为人的实行行为是虚构事实和提起诉讼（包括特别程序的起诉）或申请强制执行两个行为。诉讼欺诈只能是由作为构成，不可能由不作为构成，其作为方式形形色色，但可归为一点，即虚构事实真相向法院提出非法要求。仅仅隐瞒事实真相（应当告诉真情不告之或应提供某证据不提供）未虚构事实真相的不构成诉讼欺诈。但如果行为人将他人已履行还款义务却未收回的借条等作为证据起诉要求对方还款，行为人有虚假陈述、虚构民事法律事实提出诉讼，违反刑法的禁止性规定而非命令性规定的，系作为而非不作为，构成诉讼欺诈。

尽管普通诈骗罪也是复数行为，也有虚构事实真相骗取公私财物两个行为，但其骗的对象不是法院，且其第二个实行行为是获取财物，而诉讼欺诈的第二个实行行为是向法院提起诉讼、强制执行等。

三、发生的领域是民事诉讼（广义）、刑事附带民事诉讼、行政诉讼

民事诉讼除一审、二审程序外还包括特别程序、审判监督程序、督促程序、公示催告程序、执行程序。而行政诉讼、刑事附带民事诉讼则只可能发生在一审、二审、审判监督程序中。因其不可能有督促程序、公示催告程序，尽管其也有执行程序，但只是前面诉讼欺诈的延续、将其诉讼欺诈取得的利益兑现而已。普通诈骗罪是发生在诉讼领域外的。

四、诉讼欺诈侵犯的是复杂客体

诉讼欺诈既侵犯了司法机关的正常活动，也损害了他人的财产权、名誉权等合法权益。但由于行为人是借法院之手达到自己损害他人、社会、国家的合法权益或为己谋取非法利益之目的，行为会导致法院错误立案、错误裁判、错误执行，会浪费司法资源、使法院的权威丧失、民众对法律失去信心，故一般情况下其主要客体是司法秩序而非被害人的财产权益或名誉权等。当然如其非法所得数额特别巨大且实现了的，其主要客体是财产权而非司法秩序。

五、诉讼欺诈的主体可以是单位也可以是自然人，但系特殊主体

认为诉讼欺诈的主体是特殊主体，是从其主要实行犯肯定是向法院提起诉讼的人（包括刑事附带民事诉讼和民事诉讼反诉人、原告的法定代理人或法定代表人）或申请民事强制执行人角度说的。被告人、第三人及其诉讼代理人、法定代表人、证人等人可以构成诉讼欺诈的帮助犯、指挥犯或教唆犯，也可是共同实行犯，但不能单独构成诉讼欺诈的实行犯。但从任何人均可以提起诉讼、申请强制执行仲裁裁决、公证文书角度看，诉讼欺诈的主体又是一般主体。尽管司法实践中常是自然人进行诉讼欺诈，笔者还未收集到单位进行诉讼欺诈的案例，但从理论上并不排除单位也可能进行诉讼欺诈行为。

第四节　诉讼欺诈的种类

按照不同的划分根据可以对诉讼欺诈类型进行划分。

1. 按行为人目的是获取财产利益还是非财产利益，可以将诉讼欺诈分为侵财型诉讼欺诈和非侵财型诉讼欺诈。而侵财型诉讼欺诈中有直接骗取他人财产的诉讼欺诈，也有骗取法院裁判、免除自己应支付给他人财产的债务，也即财产性利益。

2. 按诉讼欺诈的主体是诉讼当事人各方串通或原告与证人、诉讼代理人等诉讼参与人之间串通进行的诉讼欺诈还是原告单方进行的诉讼欺诈，可以将诉讼欺诈分为串通诉讼欺诈和原告单方诉讼欺诈。

3. 按行为损害利益的对象是案件其他当事人的利益还是案外第三人的利益，可以将诉讼欺诈分为损害案件当事人利益的诉讼欺诈和损害案外人利益的诉讼欺诈。

4. 按行为人是否与办案机关司法工作人员勾结进行诉讼欺诈划分，可以将诉讼欺诈分为与司法工作人员勾结的诉讼欺诈和非与司法工作人员勾结的诉讼欺诈。

5. 按行为人虚构事实或民事法律关系是全部虚构还是部分虚构，可以将诉讼欺诈分为全部诉讼欺诈和部分诉讼欺诈。

6. 按诉讼欺诈主体是自然人还是单位，可以将诉讼欺诈分为自然人诉讼欺诈、单位诉讼欺诈，还可能是自然人与单位共同进行诉讼欺诈。

第一种分类的意义是侵财型诉讼欺诈与诈骗罪关系密切，便于研究诉讼欺诈与诈骗罪的联系和区别。第二种分类的意义是便于对其他行为人行为的法律性质进行研究认定。第三种分类的意义是便于研究行为人行为与其他犯罪的联系。第四种分类的意义主要是为了正确认定法院、检察院工作人员的行为性质，厘清诉讼欺诈与渎职罪的区别与联系。第五种分类的意义在于区别对待诉讼欺诈的定罪条件和恰当衡量诉讼欺诈行为的社会危害程度。第六种分类的意义在于研究对二者定罪条件是否有差异及各自承担刑事责任的差异。

串通诉讼欺诈有原被告之间的串通，也有原告与被告代理人之间的串通，还有原告与第三人之间的串通，或原告与证人、鉴定人等诉讼参与人之间的串通。串通行为人主观达成共同犯罪故意时，其他人成立诉讼欺诈人构成的犯罪的共犯，当其串通进行的行为本身又属于他罪的实行行为时，构成诉讼欺诈共犯的同时还构成他罪，属于想象竞合犯。串通诉讼欺诈与单方诉讼欺诈相比，前者更易得手，特别是原被告之间串通进行的诉讼欺诈更易成功，不易识别。浙江省高级人民法院在总结实践经验的基础上，在《关于在民事审判中防范和查处虚假诉讼案件的若干意见》中对如何发现、防范虚假诉讼作出了明确的规定。

当事人之间串通进行的诉讼欺诈损害的是案外第三人的利益。原告与其他当事人之间串通或原告与其他当事人的诉讼代理人、法定代表人串通进行的诉讼欺诈损害的是第三人利益或对方当事人利益，而被害人为国有单位时，损害的利益往往特别巨大，且易引起行为人构成贪污、贿赂犯罪还是诉讼欺诈罪定性争议。

行为人与司法工作人员勾结进行的诉讼欺诈更易成功，因涉及诉讼欺诈人构成司法人员的职务犯罪共犯还是司法人员构成诉讼欺诈人的共犯或是分别定性，其定性更为复杂，笔者会在本书有关章节作专门探讨。

全部诉讼欺诈使法院将本不该立案的案件立案审理，浪费司法资源，其社会危害程度大于部分诉讼欺诈，在定罪标准上前者定罪标准应严于后者。

第二章　国外对诉讼欺诈的刑法规制

诉讼欺诈在各国均属常见多发犯罪，各国在对诉讼欺诈的刑事制裁方面积累了一些丰富经验，为对诉讼欺诈犯罪有正确定处方案，我们应了解世界各国对诉讼欺诈的刑法应对。通观世界各国刑法，对诉讼欺诈犯罪的定处模式大概分为三类，一是专设罪名定处，二是以诈骗罪定处，三是以证据类罪名定处。

第一节　在刑法中专设诉讼欺诈罪

世界上绝大多数国家对诉讼欺诈未规定单独的罪名，但也有不少国家规定了专门罪名规制诉讼欺诈犯罪。专门规定了诉讼欺诈犯罪的国家有意大利、西班牙、新加坡。

2006年《意大利刑法典》第374条规定："在民事诉讼或者行政诉讼中，以欺骗正在进行调查或者司法试验的法官为目的，有意改变有关地点、物品或人身的状况的，或者鉴定人在进行鉴定时作出上述改变的，如果行为人不被特别的法律条款规定为犯罪，处以6个月至3年有期徒刑。如果行为是在刑事诉讼中或者在刑事诉讼前实施的，适用同样的规定，但是，在这种情况下，如果所涉及的是经告诉或者申请才予处罚的犯罪，并且有关的告诉、要求或者申请并未提出，则不予处罚。”①

《西班牙刑法典》第 250 条第 1 项规定：“有下列行为处 1 年以上 6 年以下徒刑，或处 6 个月至 12 个月罚金：……2. 假借诉讼或诉讼程序进行诈骗……”该法第 393 条和第 396 条规定对利用伪造文书提出诉讼或者利用伪造文书伤害他人的行为定为伪造罪。② 可见西班牙刑法典对侵财型诉讼欺诈定为诈骗罪，对非侵财型诉讼欺诈定为伪造罪。

新加坡刑法可能是对诉讼欺诈规范最为严密的法律，1985 年修订后的《新加坡刑法典》第 207 条规定了采用欺骗手段提出财产请求以防止财产被没收或者被依法强制执行要被处 2 年以下有期徒刑，或处罚金，或两罚并处。第 208 条规定：“欺诈性地引起或承受一项反对其由任何人提起诉讼的法令或命令的通过，该法令或命令为了对于起诉者而言取得不恰当的数额，或者大于该起诉者应得的数额，或给予无资格获得财产的人以任何财产或由此而产生的利息；或者是引起或承受一项反对其已经履行的法令或命令被执行或对已经被履行的任何事情再被执行的，处可长至 2 年的有期徒刑，或处罚金，或两罚并处。”第 209 条规定：“在法院欺诈地或不诚实地作出其明知是虚假的主张旨在伤害或惹怒任何人的，处可长至 2 年的有期徒刑，并处罚金。”第 211 条规定：“欺诈地获得一项反对

① 黄风译：《意大利刑法典》，中国政法大学出版社 1999 年版，第 112 页。

② 潘灯译：《西班牙刑法典》，中国政法大学出版社 2004 年版，第 94 ~ 95 页。

任何人的法令或命令，且系出于不恰当的数额或大于恰当的数额，或为其不应获得的财产或财产上的孳生的利息，或者是欺诈性地导致一项反对任何人的法令或命令在已经被履行完毕后执行，或对已经被履行的任何事情再被执行的，处可长至2年的有期徒刑，或处罚金，或两罪并罚。”第210条规定：“任何人欺诈地获得一项对任何人不利的判决或命令，涉及不恰当的数额或者涉及金额大于恰当的数额，或者涉及其不应获得的财产或财产上孳生的利息，或者是欺诈性地导致一项对任何人不利的判决或命令在已经被履行完毕后再执行，或已经被履行的任何事情再被执行，或欺诈性地承受或允许以其名义从事此种行为的，处2年以下的有期徒刑，或处罚金，或两罪并罚。”①

第二节　侵财诉讼欺诈纳入诈骗罪定处

专设诉讼欺诈罪名的只是少数国家，以下是未专门规定诉讼欺诈的犯罪，但按刑法规定的诈骗罪概念可以包括诉讼欺诈或司法判例明确对诉讼欺诈定诈骗罪的国家。

1994年生效的《法国新刑法典》第313－1条规定：“使用假名、假身份，或者滥用真实身份，或者采用欺诈伎俩，欺骗自然人或法人，致使其上当受骗，损害其利益或损害第三人利益，交付一笔资金、有价证券或任何其他财物，或者

① 刘涛、柯良栋译：《新加坡刑法》，北京大学出版社2006年版，第48～49页。

提供服务或同意完成或解决某项义务之行为，是诈骗罪。"[①]因其不要求受骗交付财物人为受害者本人，故侵财型诉讼欺诈是按诈骗罪定处，此种立法例也为日本、我国台湾地区[②]、澳门地区的立法例所采用。[③]

德国刑法并未专门规定诉讼欺诈犯罪，但在判例中一贯认为诉讼欺诈成立诈骗罪，刑法理论的通说也认为构成诈骗罪。[④] 1998年《德国刑法典》第9章第154条、158条规定的虚伪宣誓罪、第23章规定的伪造文书的犯罪说明非侵财型诉讼欺诈行为也可入罪。[⑤]

日本刑法也并未专门规定诉讼欺诈犯罪，其对可能涉及诉讼欺诈的犯罪只规定了伪证罪、虚假鉴定翻译罪、隐匿证据、藏匿证人罪、胁迫证人罪，前两罪未限定何种诉讼，后两罪均限定在刑事诉讼中。[⑥]《日本刑法典》第246条未规定受骗交付财物人与被害人可以不是同一人，但刑法理论上一般认为诉

---

① 罗结珍译：《法国新刑法典》，中国法制出版社2005年版，第113页。

② 《分类小六法——刑法、刑事诉讼法》，元照出版公司2006年版，第339条第1款。

③ 澳门政府法律翻译办公室译，中国政法大学澳门研究中心、澳门政府法律翻译办公室编：《澳门刑法典、澳门刑事诉讼法典》，法律出版社1997年版，第79~80页。

④ 张明楷：《论三角诈骗》，载《法学研究》2004年第2期，第99页。

⑤ 徐久生、庄敬华译：《德国刑法典》，中国法制出版社2000年版，第136~137、183、189~193页。

⑥ 张明楷译：《日本刑法典》，法律出版社2006年版，第160~161页。

讼欺诈属于三角诈骗，构成诈骗罪，判例一贯认为诉讼欺诈成立诈骗罪。[①] 我国台湾地区“刑法”尽管未规定诉讼欺诈犯罪，但其“刑法”第339条第1款规定：“意图为自己或第三人不法之所有，以诈术使人将本人或第三人之物交付者，处五年以下有期徒刑、拘役或科或并科一千元以下罚金。”实践中也是将诉讼欺诈以诈骗罪论。[②]

但关于诉讼诈骗是否符合诈骗罪的犯罪构成要件，在日本刑法理论上一直存在两个疑点：

第一个疑点是，在以形式的真实主义为原则的民事诉讼制度下，即使裁判所认识到当事人的主张是虚假的，也必须受其约束而作出判决。那么，利用这种诉讼制度的行为能够说是“欺诈”行为吗？学者对此解释的途径有三种，第一种认为，在裁判所必须受到当事人诈骗性诉讼行为的束缚而决定裁判上的意思的范围内，即使在法官个人的心理上没有产生错误，但作为裁判所也是受到诈骗的。第二种认为，即使裁判所没有受到诈骗，但裁判所必须在法律上受到原告诈骗性诉讼行为的束缚而决定裁判上的意思范围内，与受到诈骗而陷入错误处于相同的价值关系。第三种认为，裁判所知道当事人的虚假主张时，并非完全不能采取相应的措施，即使最终不得不受其束缚而作出一定的裁判，也能看出它与诈骗人的行为使对方陷入错

---

① 赵秉志主编：《外国刑法各论》（大陆法系），中国人民大学出版社2006年版，第196~198页。［日］大塚仁著：《刑法概说》（各论），有斐阁1996年版，244~245页。

② 于改之、赵慧：《诉讼诈骗行为性质之认定——武汉大学法学院刑法学专业博士研究生座谈纪要》，载《法学评论》2005年第1期，第160页。

误而作出财产性处分行为具有法律上可以同等看待的关系。

第二个疑点，是被害人明知是误判，也不得不服从裁判，把财物或者财产上的利益提供给胜诉者，这能叫交付吗？特别是因为被害人没有依判决提供而被强制执行时，能够说存在被害人的财产性处分行为吗？学说上的解释有如下几种：第一种解释认为，即使败诉者没有陷入错误，但是，应该说必须服从裁判与陷入错误是一样的，而且在强制执行时，因为转移财物的行为不是违法的，所以应视为被害人任意的交付；第二种解释认为，虽然被害人的财物是因法律的强制而失去的，但可以认为是准交付；第三种解释认为，被害人的财产性处分行为并不需要关于财物的任意交付，只要不是违法的就够了，因此，根据裁判所的判决进行的强制执行也好，被诈骗者放弃财物也好，都可以存在处分行为；第四种解释认为，通过把裁判所的裁判行为本身解释为财产性处分行为，就使得问题自然解决，因为判决中就已存在有瑕疵的任意性，同时败诉者又不得不服从，就可以认为它是上述诈骗的被害人与财物的交付者不是同一人的诈骗罪的形态。①

第三节　以证据类罪名定处

以下是刑法中未专门规定诉讼欺诈的犯罪，但其刑法规定的妨害司法罪或其他有关犯罪能包容诉讼欺诈犯罪的国家的情况。

俄罗斯刑法未专门规定诉讼欺诈罪，但对妨害司法秩序的

---

① ［日］大塚仁著：《刑法概说》（各论），有斐阁 1996 年第 3 版，第 245 页。

刑事法网很严密。2003 年颁布的《俄罗斯刑法典》第 303 条规定了民事案件的参加人或其代理人制造伪证罪；第 307 条规定在法庭上或在审前调查中，证人、被害人故意作虚假陈述，或鉴定人、专家故意作虚假鉴定结论或翻译人员故意作不正确的翻译；第 308 条规定证人或被害人拒绝作陈述；第 309 条规定收买或强迫他人作陈述、逃避作陈述或作不正确的翻译，以上各种行为均构成犯罪。从上述规定可以看出，除了刑事案件的被告人外，其余各种诉讼的当事人、代理人、证人、鉴定人、翻译人、专家作不实陈述、鉴定、翻译、制造伪证均构成犯罪。这样即使发生侵财型或非侵财型诉讼欺诈，都不会出现不能定罪的困境。①

2003 年修订的《瑞士联邦刑法典》也未专门规定诉讼欺诈罪，但其有关诈骗犯罪的规定很详细，除骗取财物的犯罪外，还规定骗取服务、骗取酒食等也构成犯罪，且其诈骗罪明文规定了受骗者可以不是被害人。第 151 条规定了恶意财产损害罪，即不以获取利益为目的，以欺骗、歪曲或隐瞒事实的方法，使他人陷于错误之中，或者恶意增加其错误，以致使被骗者本人或他人受到财产损害的，要构成犯罪。在妨害司法的犯罪中，第 303 条规定了当事人的错误举证罪，这样对侵财型诉讼欺诈行为或可定相关的诈骗罪或可以恶意财产损害罪定处，非侵财型诉讼欺诈可以当事人错误举证罪定处，也不会导致诉讼欺诈陷入不能入罪的困境。②

---

① 黄道秀译：《俄罗斯联邦刑法典》，中国法制出版社 2004 年版，第 163、165、166 页。

② 徐久生、庄敬华译：《瑞士联邦刑法典》，中国方正出版社 2004 年版，第 50～51、95 页。

从《美国模范刑法典》第 241 －1 条的“伪证罪”、第 241 －3 条的“未经宣誓的虚假陈述罪”、第 241 －7 条的“干涉、伪造物证罪”看，其并未将行为限定于刑事诉讼中，犯罪主体也未限定只有证人才构成，故对诉讼欺诈可依伪证、伪造证据罪等罪定罪，对诉讼欺诈定罪没有法律上的障碍。[①]

第四节　评　　析

从以上规定可以看出，世界各国（地区）对诉讼欺诈的刑法调整所采方案大概有三种立法例：一是专门规定诉讼欺诈犯罪，如意大利刑法、西班牙刑法、新加坡刑法，这其中又分只规定了侵财型诉讼欺诈和包含非侵财型诉讼欺诈两种，前者如意大利刑法、新加坡刑法，后者如西班牙刑法。二是未专门规定诉讼欺诈犯罪，但因刑法明确规定了诈骗罪包括三角诈骗，人们认为诉讼欺诈属于三角诈骗，故可以将侵财型诉讼欺诈纳入诈骗罪定处，或司法实践中一贯将侵财型诉讼欺诈以诈骗罪定处，如法国、德国、日本等国以及我国台湾地区。三是未专门规定诉讼欺诈犯罪，但妨害司法涉证据类犯罪并未像我国那样排除当事人本人伪造、毁灭证据、作虚假陈述构成犯罪，故诉讼欺诈可纳入妨害司法方面的罪定处，如俄罗斯、瑞士、美国等。

分析世界各主要国家和地区刑法对诉讼欺诈的规制可以得出以下结论：专门规定诉讼欺诈罪的国家是少数，原因是多数国家的诈骗罪或妨害司法涉证据类罪比我国更具包容性，大多

---

① 刘仁文、王祎等译：《美国模范刑法典及其评注》，法律出版社 2005 年版，第 189、191、193 页。

数国家是将诉讼欺诈作为诈骗罪或妨害司法罪涉证据类罪定处，故我们不能简单地以世界绝大多数国家未规定诉讼欺诈罪来否定专门增设诉讼欺诈罪具有合理性。具体采用何种方式规制诉讼欺诈并无统一模式，各国可根据自己国情、打击犯罪的实际需要进行选取，但原则是将其上升为犯罪，在三种类型中选择一种模式进行规制，不能使其游离于刑法之外。

第三章　我国对诉讼欺诈的刑法规制和理论学说

第一节　我国历史有关立法

诉讼欺诈属于广义的诈欺犯罪，考察我国诈欺犯罪的设立历史能对我们有所启示。我国诈欺罪的历史起源较早，在西周奴隶制时代就已出现有关诈欺的犯罪及处罚的规定。《尚书·费誓》中有这样的记载："窃马牛，诱臣妾，汝则有常刑。"①这里"诱臣妾"是指用诈骗方法将奴隶骗走。据史学家考证，在汉律中已有诈欺罪的规定。在三国两晋南北朝时期，对诈欺已有明确的定义，并且历史上第一次将诈伪犯罪从盗律中分离出来独立成篇。唐朝有关诈欺的法律规定更为详尽，在《唐律》的《诈伪律》中包括诈取官私财物罪、文书取财罪、诈疗疾病取财罪、诈教诱人犯法罪、诈冒官司罪等。诈冒官司罪与现代的诉讼欺诈很类似。《唐律》第27条的诈冒官司罪规定："诈伪及罔冒官司，欲有所求为，官司知诈冒之情而听行

① 转引自张晋藩、林中、王志刚著：《中国刑法史新论》，人民法院出版社1992年版，第369页。

者，并与诈冒人同罪，至死减一等。”①《大清刑律》规定了诈欺取财罪，无专门规制诉讼欺诈的犯罪。国民政府 1935 年《中华民国刑法》规定了诈欺、背信诈欺、诈欺未遂预备、重利敲诈等犯罪。我国台湾地区“刑法”规定有诈欺取财罪、诈欺得利罪、常业诈欺罪和准诈欺罪 4 种。尽管近代旧中国刑法未规定诉讼欺诈罪，但实务上一致肯定诉讼欺诈成立诈骗罪。例如，民国时期最高法院 1939 年上字第 3912 号判决指出：“上诉人提出伪契，对于他人所有之山场林木，诉请判令归其所有，即系向法院施用诈术，使将第三人之物交付于己，虽其结果败诉，仍于行使伪造私文书罪外，成立欺诈未遂罪名。”民国时期最高法院 1940 年上字第 2118 号判决指出：“上诉人因权利人提起民事诉讼向其追取租仔，先后在受诉法院提出伪契，主张受当该田，及已代为赎回，否认付租义务，自系连续行使伪造私文书，以诈术图得财产上不法之利益，既经民事判决胜诉确定在案，其诈欺即属既遂。”②

1979 年新中国成立后的第一部刑法规定了诈骗罪，惯骗罪，神汉、巫婆诈骗罪，招摇撞骗罪，涉证据方面妨害司法的犯罪只规定有一个包庇罪。1995 年 6 月全国人大常委会通过颁布了《关于惩治破坏金融秩序犯罪的决定》新设了集资诈骗罪、贷款诈骗罪、票据诈骗罪、金融凭证诈骗罪、信用证诈骗罪、信用卡诈骗罪、保险诈骗罪，1997 年刑法又新增了有价证券诈骗罪，其余七个罪基本沿用了上述决定的规定，并将

---

① 转引自杨佩正著：《涉讼犯罪论》，中国检察出版社 2007 年版，第 126 页。

② 转引自林山田著：《刑法各罪论》（上册），作者发行，1999 年版，第 412 页。

此八个罪名归类为金融诈骗罪规定在刑法分则第三章之下作为第五节，名为金融诈骗罪。1992年全国人大常委会《关于惩治偷税、抗税犯罪的补充规定》增设了骗取出口退税罪，1997年刑法将骗取出口退税罪纳入刑法外还增设了合同诈骗罪，取消了惯骗罪，神汉、巫婆诈骗罪，涉证据方面妨害司法的犯罪规定了伪证罪，辩护人、诉讼代理人毁灭证据、伪造证据、妨害作证罪，包庇罪（三罪仅限于刑事诉讼），妨害作证罪，帮助毁灭、伪造证据罪，打击报复证人罪，拒绝提供间谍犯罪证据罪。从上看出，新中国成立后至今的刑法均未专门规定诉讼欺诈如何定罪。

第二节　对诉讼欺诈的现行刑法规制①

一、法律规定和相关司法解释

（一）刑法规定

我国刑法第266条采用了近乎简单罪状方式规定了诈骗罪：即“诈骗公私财物，数额较大的，处……”第305条的伪证罪，第306条的辩护人、诉讼代理人妨害作证、毁灭、伪造证据罪，第310条的包庇罪，第311条的拒绝提供间谍犯罪证据罪均限定在刑事诉讼中，按这些罪名无法惩治发生在民事、行政诉讼过程中的伪证、妨害作证、伪造毁灭证据等行为；第307条第1款规定的妨害作证罪规定：“以暴力、威胁、贿买等方法阻止证人作证或者指使他人作伪证的，处……

---

① 此处所指的刑法规制指刑事法律、司法解释及司法实践的具体定处情况。

刑”，按此条只能惩治阻止作证者、指使他人作伪证者，无法惩治无人指使、证人自愿为当事人作伪证、与当事人共同进行诉讼欺诈的情况，因在民事、行政诉讼中作伪证的本人是不构成犯罪的；第307条第2款规定：“帮助当事人毁灭、伪造证据，情节严重的，处……刑”，这样此罪犯罪主体只能是诉讼当事人本人以外的人。综上所述，按现行刑法规定，民事或行政诉讼当事人本人、当事人的法定代表人伪造证据、虚假陈述、毁灭证据或与主动作伪证的人勾结进行诉讼欺诈，不管多么严重，均不构成犯罪；证人等作伪证不管多严重也不构成犯罪。另外，因妨害作证罪均为自然人才能构成，如单位进行诉讼欺诈，不管其妨害作证、毁灭伪造证据多严重也很难定罪。

2006年《刑法修正案（六）》新增规定了虚假破产罪，规定：“公司、企业通过隐匿财产、承担虚构的债务或者以其他方法转移、处分财产，实施虚假破产……处……”故对行为人为达逃避债务目的通过法院提出破产申请，启动企业法人破产还债程序而实施的诉讼欺诈，应纳入虚假破产罪定处。

综上所述，除达虚假破产目的的诉讼欺诈以外，对其余诉讼欺诈按现有刑法规定，因为如果不以诈骗罪定处，无论如何对刑法有关条款作扩张解释，均有一部分行为无法定罪。

（二）司法解释

1. 最高司法机关解释

最高司法机关至今还未出台规范诉讼欺诈案件的司法解释，最高人民检察院法律政策研究室在2002年10月24日答复山东省人民检察院研究室请示称：“以非法占有为目的，通过伪造证据骗取法院民事裁判占有他人财物的行为所侵害的主要是人民法院正常的审判活动，可以由人民法院依照民事诉讼法的有关规定作出处理，不宜以诈骗罪追究行为人的刑事责任。如果行为人伪造证据时，实施了伪造公司、企业、事业单位、人民团体印章的行为，构成犯罪的，应当依照刑法第二百八十条第二款的规定，以伪造公司、企业、事业单位、人民团体印章罪追究刑事责任；如果行为人有指使他人作伪证行为，构成犯罪的应当依照刑法第三百零七条第一款的规定，以妨害作证罪追究刑事责任。”由于不是以最高人民检察院名义答复的，故该答复只能算准司法解释，此准司法解释否定了侵财型诉讼欺诈定诈骗罪的意见。下级司法机关对准司法解释一般视同司法解释一样执行，故此答复出台后，检察院基本上不会再以诈骗罪对侵财型诉讼欺诈提起公诉。由于诉讼欺诈所涉罪名均属于公诉案件，尽管按最高人民法院司法解释，法院对起诉罪名可以变更罪名判处，但由于诈骗罪比妨害作证罪，帮助毁灭、伪造证据罪处罚更重，故法院改变起诉罪名定诈骗罪就非常罕见了。最高人民检察院法律政策研究室的解释与我国2008年以来因世界金融危机导致我国诉讼欺诈案件急剧上升的司法实践严重不相适应，故出现了地方司法解释突破上述解释的新规定。

2. 地方司法机关解释

辽宁省高级人民法院于2005年3月16日印发的《关于审理诈骗犯罪案件适用法律若干问题的意见（试行）》规定：“诉讼诈骗是近年来司法实践中出现的一种新类型案件，一般是指行为人以提起民事诉讼为手段，通过伪造证据或者提供虚假证据欺骗法院，法院作出错误判决，并依据该判决骗取财物或者免除自己的债务。对诉讼诈骗行为不宜以诈骗罪定罪处罚。这类案件尽管行为人具有非法占有目的，也使用了欺骗手段，但其被骗的对象是法院，财产受损失的是另一方当事人，其并非自愿将财物交出，侵犯的主要客体是人民法院正常审判活动。如果行为人伪造证据时，实施了伪造公司、企业、事业单位、人民团体印章的行为，构成犯罪的，应当依照刑法第二百八十条第二款的规定，以伪造公司、企业、事业单位、人民团体印章罪追究刑事责任；如果行为人有指使他人作伪证行为，构成犯罪的，应当依照刑法第三百零七条第一款的规定，以妨害作证罪追究刑事责任。”① 此解释与最高人民检察院法律政策研究室的解释一致，不同之处只是阐述了不定诈骗罪的理由。

2008 年 11 月 18 日浙江省高级人民法院发布了《关于在民事审判中防范和查处虚假诉讼案件的若干意见》，这是第一个专门对诉讼欺诈如何应对作出规定的地方司法机关解释。但此规定只是规定了诉讼欺诈定义，另外主要规定在审判中如何注意发现诉讼欺诈，诉讼程序上如何进行防治和纠正，对如何定性适用法律可以说并未解释。该意见第 14 条规定：“对参与制造虚假诉讼案件的有关人员，可以依照《中华人民共和国民事诉讼法》的有关规定，根据情节轻重，依法予以训诫、罚款、拘留；构成犯罪的，依法追究刑事责任。对参与制造虚假诉讼案件的律师，应当同时向有关司法行政机关提出建议，依照《中华人民共和国律师法》有关规定吊销其律师执业执照。”该意见规定的“构成犯罪的，依法追究刑事责任”中哪些情况构成犯罪、到底定何罪均不明确，并未解决下级法院对诉讼欺诈案件的定性难题。

2010 年 7 月 7 日，浙江省高级人民法院、浙江省人民检察院联合发布了《关于办理虚假诉讼刑事案件具体适用法律

---

① 转引杨佩正著：《涉讼犯罪论》，中国检察出版社 2007 年版，第 132 页。

的指导意见》（以下简称《指导意见》）印发给全省各级法院、检察院执行，并于8月10日专门召开新闻发布会向社会公布《指导意见》和典型案例。《指导意见》明确指出："为了提起虚假诉讼，或者在虚假诉讼过程中，指使他人提供虚假的物证、书证、陈述、证言、鉴定结论等伪证，或者受指使参与伪造证据，分别按照刑法第三百零七条妨害作证罪，帮助毁灭、伪造证据罪处理。""在虚构事实、伪造证据过程中，伪造、变造、买卖或者盗窃、抢夺、毁灭国家机关公文、证件、印章的，或者伪造公司、企业、事业单位、人民团体印章的，或者伪造、变造居民身份证的，分别按照刑法第二百八十条伪造、变造、买卖国家机关公文、证件、印章罪，盗窃、抢夺、毁灭国家机关公文、证件、印章罪，伪造公司、企业、事业单位、人民团体印章罪，伪造、变造居民身份证罪处理。""为逃避人民法院生效裁判文书的执行，进行虚假诉讼，套取、转移财产的，按照刑法第三百一十三条拒不执行判决、裁定罪处理。""为转移自有财产、多分共同财产，或者逃避共同债务，进行虚假诉讼的，按照本意见第二、三条的规定处理。""以非法占有为目的，进行虚假诉讼，骗取公私财物的，按照刑法第二百六十六条诈骗罪处理。"例如，单位人员利用职务之便进行虚假诉讼，侵吞本单位财物的，主体是国家工作人员构成贪污罪、非国家工作人员构成职务侵占罪，对同时触犯两个或两个以上罪名的，依法实行数罪并罚或者按照处罚较重的罪名处理。这是我国第一个明确规定对以非法占有为目的的诉讼欺诈可以诈骗罪定处的地方司法解释。

2010年8月，黑龙江省高级人民法院下发了《关于处理虚假诉讼行为若干问题的指导意见》，要求各级法院对11类民事诉讼案件重点审查是否存在虚假诉讼行为，确属虚假诉讼的，裁定驳回起诉，对参与制造虚假诉讼行为的人从重处罚。此司法解释并未对诉讼欺诈下定义，也未涉及刑法上对其如何定性，只是一个如何识别防范诉讼欺诈的文件。

2010年10月底广东省高级人民法院下发了《关于强化审判管理防范和打击虚假民事诉讼的通知》，旨在指导全省法院开展防范和打击虚假民事诉讼工作。该通知强调了如何防范、与其他司法机关如何协作打击，规定对虚假诉讼行为人涉嫌妨害作证，毁灭、伪造证据或伪造印章、贪污、挪用等罪行的，人民法院将及时将犯罪线索移送公安、检察机关审查，但此通知并没有对侵财型诉讼欺诈是否可以诈骗罪定处作出规定。

2010年12月19日武汉市中级人民法院制定了《关于在民事审判中防范和惩处恶意诉讼行为的若干意见（试行）》（以下简称《意见》），该意见规定，对有充分证据认定为恶意诉讼的当事人，对涉嫌犯罪的，及时移送公安机关立案侦查，依法追究刑事责任。尽管其并未明确规定对侵财型诉讼欺诈可以诈骗罪定罪，但该中级人民法院向媒体透露：其所辖基层法院青山区法院以诈骗罪判处被告人刘某有期徒刑12年，这是该市法院判决的首例恶意诉讼案件。法官称，刘某伪造欠条去法院打官司，胜诉后通过申请执行骗得114万元巨款。此安排很耐人寻味，因中级人民法院在向媒体公布该法院制定了《意见》的同时向媒体公布了此案件判处结果，等于向社会昭示：侵财型诉讼欺诈会被法院以诈骗罪判处，但人们不可能从法院的规定中挑出其规定违法的任何依据。如果青山区人民法院的判决被上面叫停，其制定的规定“对涉嫌犯罪的，及时移送公安机关立案侦查，依法追究刑事责任”，可以解释成他们的意思是依妨害作证、帮助毁灭伪造证据、伪造公文、印章等罪追究。因其解释的高度概括和向媒体昭示所体现的意图，使该法院可进可退不会被人挑刺，令人叫绝。

除此之外，我国媒体未报导还有其他正式的司法解释。

从上述规定可以看出，准司法解释或地方司法机关解释除2010年浙江省高级人民法院、省人民检察院的《指导意见》、武汉中级人民法院的《意见》以外，其余都是反对或不赞同对诉讼欺诈定诈骗罪的，对侵财型诉讼欺诈不定诈骗罪解释受到学界不少诟病，笔者也是反对不定诈骗罪的解释的，其理由将在后文论述。由于司法机关办错案后面临国家赔偿，故其在定罪问题上一般特别慎重，只要无相关法律或上级司法机关的明确规定，一般是进行有利于被告的解释，这种做法可以理解但不能赞同。

（三）其他法律规制

我国2007年修改发布的《民事诉讼法》第102条规定："诉讼参与人或者其他人有下列行为之一的，人民法院可以根据情节轻重予以罚款、拘留；构成犯罪的，依法追究刑事责任：（一）伪造、毁灭重要证据，妨碍人民法院审理案件的；（二）以暴力、威胁、贿买方法阻止证人作证或者指使、贿买、胁迫他人作伪证的……"

1990年颁布的《行政诉讼法》第49条规定："诉讼参与人或者其他人有下列行为之一的，人民法院可以根据情节轻重，予以训诫、责令具结悔过或者处一千元以下的罚款、十五日以下的拘留；构成犯罪的，依法追究刑事责任：……（二）伪造、隐藏、毁灭证据的；（三）指使、贿买、胁迫他人作伪证或者威胁、阻止证人作证的……"

从以上表述可以看出，《民事诉讼法》、《行政诉讼法》的规定大体相同。差异点在于，《行政诉讼法》规定的客观行为多为隐藏证据，《民事诉讼法》规定的客观行为又多为贿买方法阻止证人作伪证，《民事诉讼法》要求伪造、毁灭重要证据，妨碍人民法院审理案件的才处罚，两个诉讼法对妨碍法院查明案件事实行为在承担责任方式上无差异，均是民事责任、行政责任、刑事责任。但在承担民事责任内容上，《行政诉讼法》多为“予以训诫、责令具结悔过”，其余相同。尽管按这两个法律的规定可以理解为诉讼当事人本人伪造、隐藏、毁灭证据的也可追究刑事责任，由于刑法颁布时间在《行政诉讼法》之后，故《行政诉讼法》与刑法相矛盾之处无效，而《民事诉讼法》尽管颁布时间在刑法之后，但刑法是全国人民代表大会通过的，《民事诉讼法》是全国人大常委会通过的，刑法立法级别高于《民事诉讼法》，不同级别法律冲突的级别低的无效。刑法所用字义是“帮助当事人毁灭、伪造证据”，排除当事人本人构成此罪的可能，不能根据《民事诉讼法》定当事人毁灭、伪造证据有罪，故排除了可根据两个诉讼法追究当事人本人伪造、隐藏、毁灭证据刑事责任的可能性。

二、司法实践做法

从司法实践对诉讼欺诈案件具体定处情况看，有多种不同的处理方法。

（一）对侵财型诉讼欺诈不定诈骗罪而定其他罪的

1. 以涉证据犯罪定处

2007年9月，王某因与其妻李某闹离婚，为达独自占有夫妻共有营业房之目的，找到其朋友汤某帮忙，王某向汤某出具一张50万元的虚假借条，要汤某向法院起诉王某要求归还，汤某遂以此虚假借条向法院起诉要求王某归还借款。在法院审理过程中，王某与汤某经法院主持调解后自愿达成调解协议，并经强制执行、拍卖等程序将王某与其妻共有的营业房所有权转移至汤某名下。后法院以妨害作证罪判处王某有期徒刑 1 年 2 个月，以帮助伪造证据罪判处汤某有期徒刑 1 年。[①]

2. 以审判员职务犯罪的共犯定处的

湖北省人民检察院对与法官勾结制造假案的李某以伪证罪立案，后又以徇私枉法罪的共犯免予起诉。[②]

3. 以抢劫罪判处的

2001 年 9 月，李某诉张某夫妇等 4 人向其借款 1 万元，其出示的证据即为张某夫妇等人所写的借条。在庭审中张某否认其向李某借款的事实，称借条是由李某与冯某持刀威逼所写。法庭在依法进行庭审后认为，由于被告无证据证明借条是在受威逼情形之下所写，因此认定借条有效，判处张某夫妇等 4 人应向李某归还欠款。次日，张某夫妇自杀身亡。后当地公安部门依法传唤了李、冯二人，他们对持刀威逼张某夫妇写下欠条的事实供认不讳，二人以抢劫罪分别被判处 7 年和 14 年有期徒刑。[③]

（二）以诈骗罪定处

据有关报导，湖南省法院对利用诉讼行骗的吴太平以诈骗罪判处。[④]

1995 年，深圳市华丰公司承包了海滨广场部分装修工程，

---

① 龚凌：《诉讼欺诈的刑法规制及立法建议》，西南政法大学 2009 年硕士毕业论文。

② 张平：《增设“利用诉讼诈骗罪”之建言》，载《国家检察官学院学报》1999 年第 4 期，第 78 页。

③ 南都：《老夫妇败诉法院门口自杀　法官涉嫌玩忽职守受审》，载《扬子晚报》2003 年 4 月 25 日。

④ 张平：《增设“利用诉讼诈骗罪”之建言》，载《国家检察官学院学报》1999 年第 4 期，第 78 页。

胡某被指派为公司驻工地代表。工程施工期间，胡某擅领工程款，欠下发包方 180 万元。为弥补这个巨大缺口，胡某伪造了一系列虚假文件，包括 173 名工人工资明细表、10 名班组长和 6 名管理人员聘任书以及华丰公司欠上述人员 122 万元的工资欠条。然后指使刘某等 5 名班组长向罗湖区人民法院提起欠薪诉讼。胡某以公司名义作证，导致该公司一、二审败诉，资产被查封，办公楼被拍卖，业务难以为继，经济损失达千万元。罗湖区人民法院于 2004 年 10 月一审以诈骗罪判处胡某有期徒刑 14 年，罚金 150 万元。①

2004 年 10 月，杜某与葛某合伙投资联建房工程业务，后因杜某认为利润不高，要求退伙，葛某同意退给杜某 7 万元。因葛某当时无钱，便写了一张 7 万元的欠条给杜某。2004 年 11 月至 2005 年 1 月，葛某分四次还清了杜某 7 万元欠款。在最后一次还款过程中，杜某偷偷拿回 7 万元的欠条。2005 年 7 月，杜某以葛欠款 7 万元为由，向重庆市云阳县人民法院提起民事诉讼，葛某得知后向公安机关报案，法院中止审理。经公安机关侦查后，杜某如实供述了自己偷走欠条欲骗取钱之事。云阳县人民检察院对杜某提起公诉后，云阳县人民法院以杜某犯诈骗罪判处其有期徒刑 3 年，缓刑 4 年；杜某不服，上诉至重庆市第二中级人民法院。审理中，杜某主动撤回上诉。至此，此案已尘埃落定。②

---

① 徐选礼：《打着讨薪旗号实施诉讼诈骗　深圳特大骗薪案终审宣判主角胡玉林被判刑十四年》，载《检察日报》2005 年 7 月 20 日。

② 杨波：《偷出欠条去告状？法院判他诈骗罪》，载《重庆晚报》2006 年 6 月 13 日，第 8 版。

（三）无罪

据1999年1月11日《中国律师报》报道，甲为朋友从A公司购买一辆桑塔纳轿车，因未付款，便以自己的名义打了一张欠条，后车被甲的朋友卖掉，车款用于吸毒。A公司派出代理人乙、丙、丁三人前去向甲索款，当得知甲无任何财产归还，又了解到甲数年曾经承包过B公司，手中尚有一些盖了B公司印章的空白信纸时，三位代理人便说服甲用该空白信纸伪造了B公司向A公司的“还款计划”，并以此为证据向开封市郊区人民法院起诉B公司。法院经过审理，判处B公司依照“还款计划”向A公司支付车款，并多次冻结B公司账户，B公司为此遭受了严重的经济损失。1998年11月，检察院对乙、丙、丁以伪证罪向开封市南关区人民法院提起公诉。法院审理以后，经审判委员会讨论，宣布三人无罪。

又如本书第一章第一节全国政协委员李文岳委员所述伪造证据提请仲裁、向法院申请强制执行企图骗取国有财产一案。

还如广东司法机关处理的案例：2005年年底，赵某了解到联昌公司业务员林某有携带联昌公司公章外出办公的机会，便产生了伪造合同，提起民事诉讼诈骗联昌公司财物的想法。2006年赵某将该想法告诉林某，要求林某在其伪造的合同上加盖联昌公司的合同章，并承诺事成后付林某30万元的好处费，林某表示同意。2006年7月，赵某找到陈某，指使陈某以冠海公司业务员的身份与联昌公司签订合同标的价值10万元的真合同，并支付定金2万元。后赵某伪造了“规定违约金为166万元”的假合同，并让林某在仿造的合同上加盖了联昌公司的合同章。赵某再让陈某以诸多借口，推脱联昌公司要求履行10万元真合同的请求，使联昌公司无法履行合同。2007年5月，赵某又指使陈某持伪造的合同和2万元定金的收据，以冠海公司的名义以联昌公司不履行合同为由向法院提起诉讼，要求联昌公司返还2万元并赔偿违约金166万元。诉讼期间，赵某又伪造了冠海公司与联昌公司的赔偿协议，内容为冠海公司与联昌公司违约赔偿协议，将联昌公司的违约金从166万元降低至66万元，及冠海公司因联昌公司违约赔偿玖隆电器厂违约金50万港元的协议和收据。2008年9月27日，法院一审判决联昌公司返还冠海公司定金2万元并支付冠海公司违约金66万元及利息。联昌公司不服判决提出上诉，二审尚未审结，因联昌公司向公安机关报案，赵某、陈某、林某被公安机关抓获，三人供认了以上事实，公安机关将案件移交至检察院审查起诉后，检察院以主犯赵某按现有刑法规定不能定罪，对从犯林某、陈某以帮助伪造证据罪定罪合法不合情理、按最高人民检察院对诉讼欺诈的规定不宜以诈骗罪定处为由作出不予起诉决定。①

浙江省法院处理的案例：吕某是朱某的舅舅，朱某与颜某是一对夫妻。吕某向永康市人民法院起诉，要求朱某、颜某共同归还借款本金277万元及利息10万元。吕某向法院提供了4张借条的复印件，4张借条上借款人的署名均为朱某。吕某在起诉的同时，还向法院申请对被告朱某、颜某在四川省成都市的房产和银行的存款进行财产保全。法官在审理中发现，虽然该案在诉讼主体、证据形式上没有什么瑕疵，但原告吕某仅是一名从某国有企业退休后到一家民营企业工作的普通工人，其收入情况与案件高达几千万元的标的额存在巨大反差，且被告颜某也向法院反映该案涉嫌虚假诉讼，借条系吕某和朱某合

① 龚凌：《诉讼欺诈的刑法规制及立法建议》，西南政法大学2009年硕士毕业论文，第13~14页。

谋伪造。

法官在进一步的调查中发现，自2007年6月19日以来，该院已受理以朱某夫妻为被告的案件16件，诉讼标的额达480余万元。随着调查的深入，疑点陆续浮出水面：朱某与妻子颜某不和；原告申请保全的存款均为颜某名下的存款；以朱某、颜某为被告的多起民间借贷、买卖合同纠纷案件，不同身份、不同居住地的原告均委托了同一个诉讼代理人。

法官紧紧抓住原告身份、收入这根线索细查下去，结果是：对资金来源，吕某含糊其辞，甚至拿不出诉讼费发票；对借款细节，吕某无法提供用于借款的银行转账凭据，277万元款项均以现金交付也不符合常理。法官另外还查实，案件的诉讼费、财产保全保证金等均由朱某垫付。

虽然吕某仍以种种理由加以搪塞，但办案人员对案件相关细节逐一核查，发现其前后表述不一，破绽百出。最终，吕某不得不承认该案系被告朱某与其串通捏造所致，意在与妻子颜某的离婚过程中多分财产，而真实债务仅为5万元。最后，此案经吕某申请裁定予以撤诉。法院以妨碍民事诉讼为由，对朱某处以司法拘留；吕某因诚心认错，被责令具结悔过。[①]

从以上案情可以看出，司法实践中对诉讼欺诈的定处有多种不同的做法，以诈骗罪定处的判决书理由均阐述了行为人以非法占有为目的，虚构事实隐瞒事实真相，骗取数额较大的公私财物，我国刑法并未规定诈骗罪的被害人与被骗人系同一人等。而司法机关以无罪论处的主要理由是：我国司法实务界历来对诈骗罪的共识是“被害人基于行为人的欺骗

---

① 陈东升：《特别关注：全国首个阻击虚假诉讼规定出台的内幕》，载http：//www.legaldaily.com.cn/，2010年12月16日访问。

发生错误认识而交付财物”、“被害人与被骗人是同一人”，且没有相关司法解释对诉讼欺诈可以定诈骗罪的规定，最高人民检察院法律政策研究室的答复尽管不是司法解释，但毕竟是最高司法机关相关业务部门对诉讼欺诈如何适用刑法所提出的明确意见，应当参照执行。且最高人民法院《刑事审判参考》亦未编录过对诉讼欺诈行为以诈骗罪定处的案例，表明最高人民法院并不支持对诉讼欺诈按诈骗罪定处等。以帮助伪造证据罪定处的理由是根据上述最高人民检察院法律政策研究室或地方司法机关的解释。

浙江省人民检察院、法院司法解释开创了侵财型诉讼欺诈定诈骗罪的先河，由于我国下级法院会严格遵循上级法院的规定，故在浙江省司法机关自 2010 年《关于办理虚假诉讼刑事案件具体适用法律的指导意见》颁布后会对侵财型诉讼欺诈定诈骗罪。但令人担忧的是，其他地区司法机关有的司法人员可能会赞同此解释照此办理，但也会有众多司法机关按最高人民检察院法律政策研究室答复或保守做法选择作其他定处。长此下去，全国对诉讼欺诈案件执法不统一的做法将会严重损害法律的权威。故建议最高人民法院、检察院尽早作出统一的司法解释以统一执法。

第三节　学界关于诉讼欺诈定性的争论

在现行法律框架之下对诉讼欺诈应如何定性？20 世纪 90 年代末，理论界就对司法实践中发生的诉讼欺诈的定性进行了探讨，近几年对其探讨更多更深入。对之主要有以下几种观点。

一、属于三角诈骗，定诈骗罪

这种观点的前提是将诉讼欺诈定义为以非法占有为目的的侵财型欺诈。其主要理由有以下几点：一是行为人主观具有诈骗罪的直接故意与目的。二是诉讼欺诈与三角诈骗无本质区别，对我国刑法规定的诈骗罪的解释不能将三角诈骗排除在外。三是诉讼欺诈在侵犯民事诉讼正常秩序的同时也侵犯了公私财产所有权。四是当行为人有伪造印章、指使他人作伪证等行为时，属于诈骗罪与伪造公司、企业、事业单位、人民团体印章罪、妨害作证罪的牵连犯或想象竞合犯，同样应从一重罪定诈骗罪。五是由于行为人并未对被害人恐吓，法院才是诉讼欺诈的受骗者和处分财产人，被害人并非因恐吓而交付财产，故不构成敲诈勒索罪。① 但主张定诈骗罪的人中，有的主张是现有法律漏洞的无奈之举，不能从根本上解决问题，从长远来说应增设诉讼欺诈罪。② 而另一种观点认为无须增设新罪名，没有必要单独增加一个所谓的诉讼诈骗罪。理由是：“这种行为本身就是符合诈骗罪犯罪构成的行为，根据诈骗罪的犯罪构成完全可以得到合理解释。尽管存在特殊性，但这种特殊性不足以导致单独增设诉讼诈骗罪，而且，这些特殊性也是可以通

---

① 张明楷：《论三角诈骗》，载《法学研究》2004 年第 2 期，第 100～103 页。类似观点还有李翔、黄京平：《论诉讼欺诈的可罚性及其立法完善》，载《云南大学学报》（法学版）2004 年第 6 期，第 27 页。王焰明：《试析诉讼欺诈案件的定性》，载《人民检察》2001 年第 8 期。童德华：《特殊行为的诈骗性质探析》，载《政治与法律》2009 年第 7 期，第 46 页。

② 李翔、黄京平：《论诉讼欺诈的可罚性及其立法完善》，载《云南大学学报》（法学版）2004 年第 6 期，第 28 页。

过现有刑法理论和刑事立法规定充分合理评价的。如行为人在诉讼过程中，伪造公文、证件、印章，则构成伪造公文、证件、印章罪，如果指使他人作伪证，则同时构成妨害作证罪（他人亦构成相应犯罪），这些犯罪与‘诉讼诈骗’之间存在牵连关系，应按照刑法关于牵连犯的基本理论处理。如果行为人是自己伪造证据，但没有上述构成其他犯罪的情形，那么，对于行为人直接以诈骗罪处理。行为人这种自己伪造证据的情况已经被诈骗罪的实行行为所包容而成为虚构事实、隐瞒真相的一部分，没有单独处罚评价的必要。此外，利用诉讼进行诈骗，并非我国独有的犯罪现象，不少国家立法上并没有将其作为单独的犯罪予以规定，而司法实务是将其直接作为诈骗罪处理，如日本。当然，‘诉讼诈骗’的定性有一定的复杂性。笔者认为，通过合理的司法解释消除分歧是妥当的，增加新罪名应有充分的理由，否则，会带来‘罪名膨胀’的后果。”①

二、无罪，但立法上应增设诉讼诈骗罪

持这一观点的理由主要有以下几点：一是诉讼诈骗行为人主观上也认识到被害人不可能受骗自愿交付财物，而诈骗罪行为人希望被害人受骗自愿交付财物。二是诈骗罪是被害人或受骗人自愿交付处分财物，而诉讼欺诈被害人并未受骗，是基于法院的强制执行而交付财物。三是诉讼欺诈侵犯的客体除了财产所有权，更主要是侵犯了司法秩序。按罪刑

---

① 王雨田：《“诉讼诈骗”的刑法分析》，载《石油大学学报》（社会科学版）2005 年第 1 期，第 82 页。

法定原则只能另立罪名来规制。[①]

三、定敲诈勒索罪

此观点的主要理由是：理论上一般认为诈骗罪是使被害人在受蒙蔽的情况下自愿地交付财物给行为人，但诉讼欺诈被害人没有受骗而自愿交付财物，行为人的目的并非骗取法院的财物，不符合诈骗罪的构成要件，而更符合敲诈勒索罪的构成要件，因行为人要借助法院的判决强制力迫使被害人交付财物。[②]

四、无罪加其他罪

该观点认为，从实然角度，应对诉讼欺诈先作分类，第一种是当事人自己毁灭、伪造证据，第二种是通过其他人向法院提出虚假证据。第二种行为应按刑法规定的妨害作证罪定处，第一种情形无罪。从应然角度，第一种情形应当犯罪化，但只能通过修改刑法第 307 条第 2 款来解决，即当事人本人在除刑事诉讼外的诉讼中毁灭、伪造证据情节严重的构成毁灭、伪造证据罪。该观点反对将其纳入诈骗罪的理由如下：一是从司法活动被破坏的角度对其评价更符合诉讼欺诈的本质；二是诈骗罪是结果犯，对诈骗行为评价是诈骗的数额，从此角度把诉讼欺诈认定为诈骗罪不合理，因为无论被害人是否有财产损失，

---

① 丁吁平、杨翠莲、姚岚：《也析诉讼欺诈案件的定性》，载《人民检察》2002 年第 2 期，第 57 页。采用此观点的还有亓旭岩：《浅析诉讼欺诈行为的定性与处罚》，载《法学杂志》2009 年第 11 期，第 41 页。

② 王作富：《恶意诉讼侵财更符合敲诈勒索罪特征》，载《检察日报》2003 年 2 月 10 日。

其行为均具有实然的社会危害性；三是从司法角度把诉讼欺诈认定为诈骗罪会给此罪认定的司法实践活动带来无尽的困境。①

五、定诈骗罪或妨害作证罪

对诈骗数额未达诈骗罪定罪标准的或非侵财型诉讼欺诈定妨害作证罪，对骗取公私财物数额较大的定诈骗罪，因诉讼欺诈符合诈骗罪的构成特征。该观点对其理由未作详细论述。②

六、不宜纳入诈骗罪论处，应纳入妨害司法罪的范畴

其主要理由如下：一是诉讼欺诈与三角诈骗形同质异，因诈骗罪与诉讼欺诈侵犯的客体不完全相同，在诉讼欺诈中司法机关的正常活动大于公私财产所有权，只能按其主要客体定为妨害司法罪。诈骗罪与诉讼欺诈在客观方面也存在较大差异，诈骗罪可由作为也可由不作为构成，而诉讼欺诈只有作为才构成。在诉讼欺诈中影响判决结果的是诉讼法规定的证据规则，法院并非一概地陷于错误，那么欺骗行为和处分行为之间的因果关系也就并非存在于所有的诉讼欺诈场合，因此将诉讼欺诈定性为诈骗罪的合理性难免会受到质疑。另外诉讼欺诈中被害人并非基于错误自愿交付财物，故不能定诈骗罪。二是将诉讼欺诈定性为妨害司法罪符合刑法谦抑的价值追求。三是将诉讼欺诈定性为妨害司法罪符合某些国家的立法例。四是现行法律

---

① 董玉庭：《论诉讼诈骗及其刑法评价》，载《中国法学》2004 年第 2 期，第 137 ~ 139 页。

② 方福建：《论诉讼欺诈行为的法律责任》，载《河北法学》2002 年第 6 期，第 33 页。

框架下最高人民检察院法律政策研究室答复正确（答复主要内容是不宜以诈骗罪定，构成307条妨害作证罪的定妨害作证罪），但只是权宜之计，根本做法只能是增设诉讼欺诈罪。①

七、抢劫罪

持该种观点的学者认为，抢劫罪是指以不法所有为目的，以暴力、胁迫或者其他方式，强行劫取公私财物的行为。当法院依据形式真实主义，依据行为人伪造的证据作出对被害人不利的判决或者裁定时，被害人的财产就处于一种危险的状态，即被害人如果不履行法院的判决或者裁定的内容，法院将会采取强制执行措施（暴力）。此时法院成为行为人获取财物（以暴力、胁迫或者其他手段）的工具，行为人构成抢劫罪的间接正犯（因为在这种状态下，法院不可能构成抢劫罪）。②

---

① 吴玉萍：《诉讼欺诈行为定性研究》，载《中国刑事法杂志》2005年第4期，第50~55页。

② 转引自李翔、黄京平：《论诉讼欺诈的可罚性及其立法完善》，载《云南大学学报》（法学版）2004年第6期，第26页。

第四章　现行法律框架下对诉讼欺诈的定性

第一节　恰当选择：据情定诈骗罪、其他罪、无罪

在现行法律框架下，笔者认为，前述第五种观点基本可行，即对侵财型诉讼欺诈且数额达诈骗罪定罪标准的定诈骗罪，对非侵财型诉讼欺诈或诈骗财物数额达不到较大的，其行为内容如符合涉证据方面罪名或伪造类罪名的定妨害作证罪，帮助毁灭、伪造证据罪，伪造公司、企业、事业单位、人民团体印章罪等；如其行为构不成妨害作证罪、帮助毁灭、伪造证据罪，伪造公司、企业、事业单位、人民团体印章罪则无罪。

第一种观点可以称为诈骗罪说。此观点的前提是否认非侵财型诉讼欺诈，因笔者前已论述，将非侵财型诉讼欺诈排除于诉讼欺诈之外不科学，故定诈骗罪只能解决侵财型诉讼欺诈。另外，如只限于定诈骗罪，当行为人被识破未骗得财产或其骗得财产未达诈骗罪定罪标准，按其观点似乎无罪，而此时行为人行为可能符合妨害作证罪，帮助毁灭、伪造证据罪，伪造公司、企业、事业单位、人民团体印章罪的犯罪构成，故以无罪论处是很不合理的。

第二种无罪说的不当之处显而易见。侵财型诉讼欺诈的社会危害程度大于一般诈骗罪，更大于单纯妨害司法秩序等罪，除侵犯公私财产所有权外，还会扰乱司法机关的正常诉讼活动，严重损害司法机关的公正声誉，浪费司法资源。这种观点也认为应将诉讼欺诈纳入犯罪圈，既然应纳入犯罪圈动用刑罚制裁，能够通过对刑法规定的诈骗罪法条在不违反其文义所能包含的含义的前提下作扩张解释使其入罪，为何不为呢？前已论述，我国刑法并未限定诈骗罪必须是二者间的诈骗，诉讼欺诈行为符合诈骗罪的犯罪构成要件，将之解释成诈骗罪完全在法条所包含的文义之内。被害人未受欺骗不等于法院未受欺骗，被害人未主动交付财物不等于法院未因受骗而处分交付了财物，主要侵犯了司法秩序并不等于未侵犯财产所有权。侵犯了财产所有权，行为人主观又以非法占有为目的，其行为又采用了虚构事实、隐瞒事实真相来骗取他人财物，这完全符合诈骗罪的构成要件，为何会无罪呢？故定诈骗罪并不违背罪刑法定原则。当然，诈骗罪的行为构造必须是因为行为人虚构事实、隐瞒事实真相使法院受了骗，作出了错误裁判或执行，当法院是基于证据规则并非基于轻信行为人谎言而作出错误裁判或执行时，由于不符合诈骗罪行为构造而不能定诈骗罪。

第三种定敲诈勒索罪的观点更不妥当。因敲诈勒索的行为构造是行为人用威胁或要挟方法使他人产生精神恐惧而交付财物的；诉讼欺诈行为人所采用的方法并非威胁或要挟，而是作假欺骗，法院作出错误裁判也并非基于精神恐惧。裁判生效后被害人自愿履行交付财物，被害人也是基于对法律的服从而非对行为人行为的精神恐惧，如被法院强制执行更不是基于精神上的恐惧而交付财物。从主观方面看，行为人也并非故意造成法院或被害人精神恐惧自愿交付财物或不敢反抗时行为人取财，不符合敲诈勒索罪的行为构成特征。持该说的基础着眼于用间接正犯的理论来解释，但间接正犯与实行犯的区别仅在于前者不是自己亲自实行而是利用无责任能力人或不知情的第三人去行为，除此之外的要件必须符合该犯罪构成，否则会导致违反罪刑法定原则。诉讼欺诈中法院也好、财产权被侵害的被害人也好，均非基于精神恐惧而交付财物，无法纳入敲诈勒索罪定处。

第四种观点无罪加其他罪说也不科学。无罪不科学之处前已述明，其他罪说用之于非侵财型诉讼欺诈是正确的，但用之于侵财型诉讼欺诈就不科学，因为侵财型诉讼欺诈不只符合妨害作证、伪造印章等罪的犯罪构成，同时也符合诈骗罪的构成要件，不管按想象竞合犯还是牵连犯的定处原则均应从一重罪定处，只有在构不成诈骗罪或以诈骗罪定处处罚更轻时才能定妨害作证等罪，而只要达到诈骗罪定罪标准，诈骗罪的处罚一般重于妨害作证等罪。该观点认为诈骗罪是结果犯，而诉讼欺诈不管是否发生财物被骗的结果，其行为均具有实然的社会危害性。财物是否已被骗是认定诈骗罪是否既遂的标准，而非不构成诈骗罪，这正是复合行为和复杂客体的犯罪的特点，如抢劫、强奸行为已将被害人打成轻伤以上，未及取财或未及奸淫就被抓，可以认为行为人行为是故意伤害罪既遂，抢劫、强奸罪的未遂，并非不构成抢劫、强奸罪。行为人实施了诉讼欺诈但还未骗得财物就案发，是妨害作证罪的既遂和诈骗罪的未遂。该观点认为将诉讼欺诈认定为诈骗罪会为司法实践活动带来无尽的困境：一是难以证明法官是否受到虚假证据欺骗而作出错误裁判；二是会使当事人不积极主动提供其所掌握的一切证据，因其隐瞒事实真相就可能构成诈骗罪；三是因立法选择当事人本人毁灭、伪造证据不视为犯罪，将当事人自己毁灭、伪造证据的诉讼欺诈评价为诈骗罪，会造成刑法理论上的矛盾。笔者认为，难以证明法官是否受到欺骗才作出错误裁判的问题不只是诉讼欺诈才有，所有的诈骗类犯罪均存在此问题；至于将诉讼欺诈定为诈骗罪会将不积极主动提供其所掌握的证据当事人也入罪的问题，笔者认为不会发生此情况，因为我国民事行政诉讼举证规则是：提交证据是当事人权利，不提交证据只承担其主张不成立的诉讼后果，其逻辑结论就是不能因行为人具有非法占有目的，不提交其掌握的证据，法院作出了有利于行为人的裁判，行为人获得了财物就定其诈骗罪。但理论上通说认为行为人应告之事实真相而不告之，致他人因此交付财物或免除债务的，行为人构成诈骗罪，如此会造成刑法理论的矛盾，这恰是刑法有立法漏洞应予填补的问题，否则就不研究诉讼欺诈的定性问题了。前述俄罗斯、瑞士等国的刑法，因有了诉讼当事人本人伪造、毁灭证据等也可构成犯罪，民事、行政诉讼作伪证情节严重也可入罪等规定，因而不用在刑法中专门规定诉讼欺诈罪，现有规定基本已适应打击诉讼欺诈犯罪的要求。

第六种观点认为不宜纳入诈骗罪论处，应纳入妨害司法罪的范畴定处也不妥当。这种观点过分夸大诉讼欺诈与诈骗罪的差异，过分看重其侵犯的主要客体，抹杀了侵财型诉讼欺诈也同时符合诈骗罪构成要件的客观现实。笔者也同意侵财型诉讼欺诈的主要客体是司法机关的诉讼秩序，但按我国现行刑法规定，妨害司法秩序罪的构成要件有很大一部分是无法纳入侵财型诉讼欺诈犯罪圈的，既然行为也符合诈骗罪犯罪构成，又不能定妨害司法秩序罪，为何不能定诈骗罪呢？罪刑法定原则反对的是对具有严重社会危害性、需要纳入犯罪圈但行为又不符合刑法规定的任何罪的犯罪构成的行为入罪，不反对作不违背刑法文义含义的扩大解释，将一些新行为入罪。

第七种观点的不科学之处在于：第一，并非所有的诉讼欺诈行为人获取财物均依赖法院的强制执行，有的是出于服从法院公权力而自动履行，此时因欠缺抢劫罪客观行为要件无法入罪。抢劫罪的客观要件必须是以暴力或以当场立即实施暴力相威胁，其他手段也必须是侵犯或威胁被害人身体健康、生命、人身自由的强制手段，法院强制执行时可能对被执行人人身有强制行为，但也可能不对人身进行强制，如只对财产进行强行划转、强行扣留提取、拍卖拍走等，此时也欠缺抢劫罪的行为要件，如此将有很大一部分诉讼欺诈无法定罪。第二，此种观点以间接正犯理论为其理论依据，而间接正犯的前提是被利用的第三人（法院）完全受骗不知真情。按我国民事诉讼证据规则，法院认定的事实是形式真实而非实质真实，不排除法院明知行为人是进行诉讼欺诈，但苦于无证据证明而不得不按证据规则作出行为人胜诉的判决，此时就无法以间接正犯理论作出解释。

第二节　侵财型诉讼欺诈属三角诈骗、符合诈骗罪构成特征

在现行法律框架下，对达到诈骗罪数额标准的侵财型诉讼欺诈定诈骗罪的观点，不管是从法律规定看还是从社会效果看都是最佳选择，其理由如下。

一、诉讼欺诈属于三角诈骗

我国刑法对诈骗罪的构成要件规定得非常概括，刑法第266条规定：“诈骗公私财物，数额较大的，处……”传统的

刑法理论认为，诈骗罪是发生在行为人与被害人二者之间的，行为人要采取虚构事实或隐瞒事实真相欺骗被害人，使被害人相信行为人的谎言、产生错误认识，被害人自动交付财物、遭受损失，行为人获取财物。行为人的欺骗与被害人被骗交付财物之间要有因果关系。但随着社会的发展、改革的深化，民间财产关系日渐复杂，非财产所有权人按有关法律法规的规定或按社会常理有权处分其所管理占有的他人财产，受行为人虚构事实、隐瞒事实真相欺骗，将他人的财产交付给骗子的，只要财产管理人尽到了规章制度规定的义务，就不承担财产被骗的法律后果，其损失后果由财产所有人承担，这种财产的交付人与被害人不同一的情况被称为三角诈骗。例如，银行向非法获取他人真实有效信用卡并使用的人支付其所取现金、向行为人支付了其非法获取他人真实有效存折要求提取存折上的现金等。各国刑法一般并未明文规定三角诈骗的定义，但理论与实务均认为三角诈骗是指被骗而交付财物人与财物受损人（被害人）不一致的情况，如信用卡诈骗，交付财物人是金融机构，但被害人是卡的合法主人。但有的国家刑法明确规定三角诈骗构成诈骗罪，如《法国刑法典》第 313 - 1 条规定："使用假名、假身份，或者滥用真实身份，或者采取欺诈伎俩，欺骗自然人或法人，致使其上当受骗，损害其利益或损害第三人利益，交付一笔资金、有价证券或任何其他财物，或者提供服务或同意完成或解除某项义务之行为，是诈骗罪。"① 上述规

① 《分类小六法——刑法、刑事诉讼法》，元照出版公司 2006 年版，第 339 条第 1 款。澳门政府法律翻译办公室译，中国政法大学澳门研究中心、澳门政府法律翻译办公室编：《澳门刑法典、澳门刑事诉讼法典》，法律出版社 1997 年版，第 79 ~ 80 页。

定“损害其利益或损害第三人利益”中的“第三人利益”就属于因被骗交付财产者以外的财产所有权人。又如《瑞士联邦刑法典》第146条规定：“诈骗，（1）以使自己或他人非法获利为目的，以欺骗、隐瞒或歪曲事实的方法，使他人陷于错误之中，或恶意地增加其错误，以致决定被诈骗者的行为，使被诈骗者或他人遭受财产损失的，处5年以下重惩役或监禁刑。”① 刑法未明文规定三角诈骗构成诈骗罪的国家，司法实践和刑法理论也认可三角诈骗构成诈骗罪，因为二者间除财产损失人与被骗人是否为同一人不同外，其余无差异，完全符合诈骗罪的构成要件。

三角诈骗的基本构造是：行为人实施诈骗行为——被骗人（第三人）产生错误认识——被骗人基于错误认识处分财产——行为人获取财产——被害人遭受损失。以此分析侵财型诉讼欺诈，可以看出二者构造基本一致，即行为人实施诈骗行为——法院产生错误认识——法院基于错误认识作出错误裁判，被害人交付财产或法院强制执行被害人财产——行为人获取财产——被害人遭受财产损失。如为采用欺骗手段获取仲裁书或公证书的则系：行为人实施诈骗行为——仲裁机构或公证机构产生错误认识——行为人获取错误的裁决书或公证书——行为人向法院申请执行——法院受到欺骗决定执行——被害人交付财产或法院强制执行被害人财产——行为人获取财产——被害人遭受财产损失。故侵财型诉讼欺诈与三角诈骗并无本质区别。反对侵财型诉讼欺诈属于三角诈骗的理由如下：

一是法院并非财物的处分交付人，财物的处分交付人是被

① 徐久生、庄敬华译：《瑞士联邦刑法典》，中国方正出版社2004年版，第49～50页。

害人，被害人并未陷入错误认识，只是因必须服从国家的裁判权而不得不交付。

二是在诉讼欺诈中，有时法院可能明知行为人是诉讼欺诈，但苦于无证据来推翻其虚假的证据，而只能是根据国家法律法规或证据规则的规定，不得不作出满足行为人诉求的裁判，称其为受骗人不合其本质，故诉讼欺诈与三角诈骗是形同质异。①

笔者认为第一个理由不成立，财产处分交付人是法院而非被害人，因法院依照国家法律作出裁判让被害人交付财物给行为人，这也是一种处分交付财产的行为；在法院强制执行时，也是强行让被害人交付或法院直接交付财产给行为人，当然是对被害人财物的一种处分交付，不能认为诈骗罪被骗人的交付一定是物理意义上的交付，法律上的裁决处分命令被害人交付也是交付。至于第二个理由，大多数情况下法院均系受行为人欺骗，诉讼欺诈中也存在三方人员：诉讼欺诈人、被骗人（法院）、被害人。法院明知有诉讼欺诈却因按证据规则不得不裁判行为人胜诉只是个别情况，即使法院未受欺骗而不得不裁判也是行为人欺诈行为所导致的结果，故诉讼欺诈与三角诈骗无本质区别。尽管侵财型诉讼欺诈与一般的三角诈骗有一定差异，但不能说是形同质异。

三角诈骗应定诈骗罪是我国刑法理论的通说，其理由一是因我国刑法规定诈骗罪的构成要件并未限定被骗人与被害人为同一人；二是从相关立法规定看，立法是承认三角诈骗的，如信用卡诈骗罪、金融凭证诈骗罪等，受骗的是金融机构，处分

---

①　吴玉萍：《诉讼欺诈行为定性研究》，载《中国刑事法杂志》2005年第4期，第50～51页。

财物人是金融机构，但由于金融机构并无违反业务规程之处，对信用卡和金融凭证主人所遭受的损失不承担责任，故受害人是信用卡主人。既然侵财型诉讼欺诈属于三角诈骗，那么对行为人以诈骗罪定处符合法律规定也符合法理。

二、侵财型诉讼欺诈符合诈骗罪的构成要件

我国诈骗罪的犯罪构成要件是：犯罪客体是公私财产所有权，客观上行为人采用了虚构事实或隐瞒事实真相的方法，使财产所有人或管理人相信了行为人的谎言，因此而交付处分财产，骗取公私财物达数额较大的标准。犯罪主体是自然人，主观上希望他人受骗交付财物而达到其非法占有公私财产的目的。侵财型诉讼欺诈行为人主观上具有非法占有他人财物的故意，客观上实施了欺骗法院的行为，法院因此受骗，对诉讼争议财产作出了处分交付，被害人因此遭受了财产损失，行为人获取了他人财产，他人的财产所有权受到侵犯，侵犯了公私财产所有权。当然，如行为人采取威胁、暴力、贿赂等方法阻止证人作证或指使他人作伪证，或在伪造证据时也伪造了单位印章或伪造、变造、买卖国家机关公文，则其行为也同时构成妨害作证罪，伪造、变造、买卖国家机关公文、印章罪，伪造公司、企业、事业单位、人民团体印章罪等，有的属于牵连犯，有的属于想象竞合犯，应从一重罪定处，定诈骗罪。

三、定诈骗罪符合罪刑法定原则

侵财型诉讼欺诈的危害大于一般诈骗罪，前已论述。我国刑法并未限定诈骗罪必须是二者间的诈骗，诉讼欺诈行为符合诈骗罪的犯罪构成要件，将之解释成诈骗罪完全在法条所包含的文义之内。我国刑法规定的妨害作证罪无法制裁证

人主动与诉讼欺诈行为人勾结作伪证的行为；帮助毁灭、伪造证据罪又排除了当事人本人可以构成的可能；伪证罪又仅限于刑事诉讼，如不对侵财型诉讼欺诈以诈骗罪定处，则很大一部分社会危害巨大的诉讼欺诈行为会无罪可定。认为无法定妨害作证罪等罪的诉讼欺诈就无罪的观点，实质只是从形式上的罪刑法定原则来理解其含义，而现代的罪刑法定原则是形式与实质相结合的、而非仅为形式的罪刑法定原则，这种认识已为世界绝大多数国家所采纳，更成为我国刑法理论界的通说。

最高人民检察院法律政策研究室答复定性的缺陷显而易见，一是当行为人具有非法占有目的时只定妨害作证罪，帮助毁灭、伪造证据罪或伪造印章的犯罪会导致量刑违背罪刑相适应原则，因为妨害作证罪法定最高刑只有七年有期徒刑；帮助毁灭、伪造证据罪，伪造印章的犯罪法定最高刑只有三年有期徒刑。但诉讼欺诈动辄骗取数万元、数十万元、甚至数百万元的财物，骗取同样数额的诈骗罪会判处三年以上有期徒刑直至无期徒刑，以妨害司法罪认定会放纵犯罪，还会损害司法的公正性。二是现行法律规定的漏洞会使未妨害作证的民事、行政案件的当事人及只作伪证不伪造、毁灭证据的证人无法入罪；另外，民事、行政案件当事人指使或威胁他人毁灭伪造证据进行诉讼欺诈时，按现行刑法规定只能处罚他人不能处罚当事人本人，实质是主犯无罪从犯有罪，很不合情理，得不到社会认同，致使司法机关为求公平对当事人和其他人均不以犯罪论处，结果就是很大一部分诉讼欺诈被排除在犯罪圈之外，这也是诉讼欺诈得不到遏制、愈演愈烈的原因之一。故地方司法机关已突破了最高人民检察院的解释，浙江省高级人民法院、浙江省人民检察院 2010 年《关于办理虚假诉讼刑事案件具体适用法律的指导意见》（以下简称《指导意见》）规定了对侵财型诉讼欺诈可以诈骗罪定处；武汉市中级人民法院尽管未明文规定可定诈骗罪，但其发文后实际判处案件是以诈骗罪判决，是顺民心、应打击猖獗的诉讼欺诈之需之举，笔者对此非常赞同。

浙江省高级人民法院、浙江省人民检察院的《指导意见》第4条规定："为逃避人民法院生效裁判文书的执行，进行虚假诉讼，套取、转移财产的，按照刑法第三百一十三条拒不执行判决、裁定罪处理。"对此笔者赞同，理由如下：第一，此种诉讼欺诈与其他侵财型诉讼欺诈相比有许多不同，此种诉讼欺诈的行为主体是败诉当事人，后者是任何人（但一定要有原告或申请强制执行之人）；此种诉讼欺诈诈骗的财物本身就处于行为人的控制之下，后者是将处于他人控制下的财物借助法院之手占为己有；从二者的社会危害程度看，前者危害显然小于后者；前者行为人是采欺骗手段达拒不执行法院判决、裁定之目的，尽管最终结果会损害公私财产所有权，但行为人显然不是以非法占有为目的而是以拒不执行法院判决裁定为目的，而后者是以非法占有为目的。第二，诈骗罪的对象是财物，我国刑法规定的"财物"含义，在刑法理论中争议很大。按刑法通说观点，除受贿罪因有明确司法解释扩大到财产性利益外，其余只能是行为人获取了财物，不能是应当支付未支付获得了财产性利益。故通说认为采欺骗手段免去债务的，因不符合"财物"定义，不构成诈骗罪。本来诉讼欺诈定诈骗罪都作了扩张解释，故对为逃避法院生效裁判文书的执行而进行诉讼欺诈的不宜以诈骗罪定处。

第三节　非侵财型诉讼欺诈的定性：相关罪或无罪

对非侵财型诉讼欺诈或侵财型诉讼欺诈但其骗取财物数额未达较大，或是为逃避法院生效裁判文书的执行时，只能以其手段触犯的相应犯罪定处，如妨害作证罪，帮助毁灭、伪造证据罪，伪造公司、企业、事业单位、人民团体印章罪等，如其行为不构成这些罪，行为人无罪。非侵财型诉讼欺诈社会危害再大也无罪的情况如下：一是行为人并未以暴力、威胁、贿买等方法阻止证人作证或指使他人作伪证，而是证人主动作伪证与行为人进行诉讼欺诈；二是当事人本人伪造或毁灭证据、但其伪造的证据中并无伪造单位印章、国家机关公文、居民身份证等；三是阻止鉴定人鉴定、阻止翻译人翻译等阻止非证人作证行为（阻止的手段本身构成犯罪的除外）。对不符合诈骗罪和相关罪的行为作无罪处理，是罪刑法定原则的要求，在现行刑法修改以前我们不能为了打击诉讼欺诈而突破现行法律规定进行定罪。

目前，我国诉讼欺诈以诈骗罪定处极少，多是以相关罪定处的，为保证对诉讼欺诈中以妨害作证罪或帮助毁灭、伪造证据罪，伪造公司、企业、事业单位、人民团体印章罪，伪造、变造、买卖国家机关公文、证件、印章等罪的准确定处，我们应研究诉讼欺诈所涉相关罪的构成特征。

第四节　诉讼欺诈中的妨害作证罪

一、概念特征

所谓妨害作证罪，是指以暴力、威胁、贿买等方法阻止证人作证或指使他人作伪证的行为。

妨害作证罪侵犯的客体是司法秩序，当行为人的方法是暴力或威胁方法时还会侵犯他人的人身权利。法条并未限定行为发生的领域、时间，但该罪是归在刑法分则“妨害社会管理秩序罪”一章中的“妨害司法秩序罪”一节里，故非诉讼活动如仲裁、公证、非法院调解、监察、纪检等活动中的妨害作证不构成犯罪，因此本罪只可发生在刑事、民事、行政诉讼领域中。但由于法条并未限定作案时间，行为人有本罪行为只要能扰乱司法秩序就可，故其行为并非一定发生在法院立案以后，立案以前有此行为或只要最终诉至法院、申请法院执行或在执行程序或审判监督程序中有此行为也构成本罪。故行为人在仲裁、公证程序中以暴力、威胁、贿买等方法阻止证人作证或指使他人作伪证，只要其未诉至法院或未申请法院执行就不构成本罪。但同样争议之事诉至法院或申请法院执行的，因其扰乱了司法秩序而构成本罪，即使妨害作证发生在诉至法院或申请法院执行前也构成本罪。该罪的客观行为是以暴力、威胁、贿买等方法阻止证人作证或指使他人作伪证的行为，犯罪主体是一般自然人，主观要件是故意。

值得探讨的是，刑事诉讼中，行为人指使他人作伪证是构成本罪还是构成伪证罪的教唆犯？笔者认为，行为人既构成本罪也构成伪证罪的教唆犯，两罪的法定刑完全相同，但由于刑法将教唆行为单独定罪了，故指使他人作伪证宜以妨害作证罪定处。

从刑法规定看，构成本罪并不要求情节严重，如情节严重，则是加重法定刑。但受刑法总则第 13 条但书"情节显著轻微危害不大的，不认为是犯罪"所限，如行为人是初犯、法院作出错误裁判或执行前就被发现、且其意图骗取利益不大或损害对方利益小等也可不认为是犯罪，作其他处罚。

二、"证人"含义

关于此条"证人"的含义应如何理解？学界对此争议很大，有以下五种观点：

1. 这里的证人，应当包括当事人、鉴定人。①

2. 这里的证人应作扩大解释，既包括知道案件真相的人，也包括当事人、鉴定人。②

3. 本罪的证人泛指他人。③

4. 此处的证人不能作扩大解释，只能是知道案件情况、依法向司法机关提供书面证言或者口头证言的人。④

5. 此处的"证人"尽管从应然角度看应包括被害人，但从实然角度出发不能包括被害人、鉴定人，只指证人，但证人除了有明示证人（了解案件情况向司法机关作证的人）外，

---

① 敬大力主编：《刑法修订要论》，法律出版社 1997 年版，第 246 页。

② 李希慧主编：《妨害社会管理秩序罪新论》，武汉大学出版社 2001 年版，第 239 页。

③ 李培泽、周永清主编：《新刑法适用》，警官教育出版社 1997 年版，第 454 页。

④ 李三宝、祖铁军主编：《罪名适用新解》，中国人民公安大学出版社 2003 年版，第 657 页。

还有“潜在证人”，即知道案件情况但尚未向司法机关作证之人。①

笔者赞同上述第5种观点。因为尽管使用暴力、威胁等方法阻止鉴定人、勘验人作证的社会危害性不亚于阻止证人作证，应当纳入本罪定处，但三大诉讼法均将证人与当事人、被害人、鉴定人、勘验人等并列分别规定，刑法第305条规定的伪证罪也是将鉴定人、翻译人等与证人并列，表明诉讼法、刑法规定的证人是不包括当事人、被害人、鉴定人、勘验人、记录人的，按体系解释证人不能包括上述人员。

阻止证人作证的方法应如何理解？刑法第307条在暴力、威胁、贿买后用了“等”字，此处的“等”是等内还是等外？笔者认为此处的“等”是等外，即除此三种方法外的方法也可构成本罪，如劝告、嘱托、哀求、用药物麻醉、用色相引诱、许诺安排工作等。因暴力、威胁、贿买以外方法阻止证人作证的社会危害也都不小于暴力、威胁、贿买方法带来的危害，如药物麻醉危害还重于威胁方法，没有理由将其排除于犯罪之外。其他方法带来的危害可能小于暴力、威胁、贿买方法带来的危害，但由于行为人谋取利益大或损害他人利益大，也应入罪，不能将其作缩小解释。

三、“指使他人作伪证”的含义

“指使他人作伪证”的“他人”应如何理解？什么是“作伪证”？什么是“指使”？

有学者认为，“他人，既包括刑事诉讼中的证人、被害

① 黄京平主编：《妨害证据犯罪新论》，中国人民大学出版社2007年版，第114、117页。

人、鉴定人、记录人、翻译人员以及共同犯罪中的其他犯罪嫌疑人、被告人，也包括民事、行政诉讼中的证人、当事人、共同诉讼人、第三人、鉴定人、翻译人员等。”① 另有学者认为，“‘他人’既包括证人、当事人、鉴定人，也包括其他根本不了解案情的人。”② 上述两种观点并无本质区别，只不过第一种观点明确说明可以包含刑事诉讼，并未说明是否可以是根本不了解案件情况的人。笔者赞同上述第二种观点，前已论述刑事诉讼中指使他人作伪证宜以本罪定处，另从汉语语义看，“他人”指行为人以外之人，故可以按汉语语义理解为包括当事人、鉴定人、勘验人、记录人、翻译人等人。既然是作伪证，“他人”就可能是知道案件情况的人也可能是不知道案件情况的人。也就是说，“他人”是除行为人以外的任何人。

笔者认为，“作伪证”是指除当事人以外知道案件情况的人或不知道案件情况的人向司法机关提供虚假的证言、鉴定、记录、翻译、陈述等言词证据和提交物证、书证、视听资料等虚假证据。有人认为不应包括以上人员向司法机关提交虚假鉴定，虚假物证、书证、视听资料等，因为如果包括后者，将会导致本罪与帮助毁灭、伪造证据罪的混淆。③ 笔者不赞同此种观点，理由如下：一是此种理解不会导致二罪的混淆，因为妨

---

① 卢铁峰著：《刑法新设罪名解析》，广州出版社 1997 年版，第 408 页。

② 李希慧主编：《妨害社会管理秩序罪新论》，武汉大学出版社 2001 年版，第 239 页。

③ 黄京平主编：《妨害证据犯罪新论》，中国人民大学出版社 2007 年版，第 123 页。

害作证罪的主体可包括当事人本人，且多是当事人本人，而帮助毁灭、伪造证据罪的犯罪主体是除当事人以外的人，这点就将二罪区别开来了。二是如果认为本罪的作伪证不包括指使他人向司法机关提交虚假的物证、书证、视听勘验资料等，将会使行为人本人伪造证据以后指使他人向司法机关提交该伪造的证据行为无法入罪，因为当事人本人有此行为的，除此罪外是无法以其他罪名定处的。前已论述，我国现行刑法规定有漏洞，本来就能适应打击诉讼欺诈的需要，故更应在不违背罪刑法定原则前提下扩大诉讼欺诈的犯罪圈。

对“指使”的理解在理论上有三种观点。第一种观点认为，指使是指采用暴力、威胁、贿买等方法指使他人作伪证；[①] 第二种观点认为，指使是指使、贿买、胁迫他人作伪证；[②] 第三种观点认为，指使就是教唆，包括暴力、威胁、贿买，也包括劝告、嘱托、哀求、怂恿、引诱等。[③] 笔者赞同第三种观点。第一种观点列举不全，第二种观点用指使解释指使，不符合逻辑，也未指明比非暴力方法更严重的指使可构成本罪，易让人产生误解。2007 年修改后的民事诉讼法第 102 条中“有下列行为之一”的第（二）项规定，可以追究刑事责任的行为有：以暴力、威胁、贿买方法阻止证人作证或指使、贿买、胁迫他人作伪证，行政诉讼法第 49 条也作了大致

---

① 周其华著：《中国刑法罪名释考》，中国方正出版社 2000 年版，第 613 页。

② 樊凤林、周其华、陈兴良主编：《中国新刑法理论研究》，人民法院出版社 1997 年版，第 734 页。

③ 黄京平主编：《妨害证据犯罪新论》，中国人民大学出版社 2007 年版，第 126 页。

相同的规定。这表明诉讼法认为非暴力、威胁、贿买指使他人作伪证也是可以追究刑事责任的，暴力比非暴力危害更大，按举轻以明重的原理，轻行为能入罪、重行为更应入罪。而修改后的民事诉讼法通过的时间晚于1997年刑法，故本罪的指使他人作伪证的指使，不要求以暴力、威胁、贿买为必要条件。故不管是暴力威胁或非暴力威胁，只要是要求他人作伪证的，均属于指使他人作伪证。

四、既遂未遂标准

关于本罪的既遂未遂标准，有学者认为本罪是行为犯，即行为人采用暴力等手段阻止证人作证或指使他人作伪证之后，若达到证人被阻止作证或他人已作伪证的程度，可认定本罪既遂。[①]笔者赞同此观点既遂的时点认定，但不赞同本罪是行为犯的判断，笔者认为本罪是结果犯而非行为犯。所谓行为犯是指以行为的完成作为既遂标准的犯罪形态，所谓结果犯是指以侵害的法定结果的出现作为既遂的标准。此法定结果一般是物质性结果，行为犯与结果犯既遂的意义在于，行为犯既遂时点与犯罪人行为完成时点一致，而结果犯既遂时点与行为完成时点可能一致，也可能结果比行为完成更后一些，以行为完成作为既遂标准比以结果发生作为既遂标准惩处的力度要大。例如，在妨害作证罪中，如将其作为行为犯既遂，则行为人指使行为完成或阻止行为完成就为既遂。上述观点认为其既遂标准是证人不去作证或他人已去作伪证，则行为人妨害作证行为完成以后，完全可能发生他人要几天后才去作伪证情况，那既遂时点就与

---

① 黄京平主编：《妨害证据犯罪新论》，中国人民大学出版社2007年版，第142页。

行为完成时点不一致，表明本罪不是行为犯的既遂。证人或他人受到行为人指使或阻止行为的影响，他人已作了伪证，或证人不履行作证义务也是一种结果，这种结果也是物质上可衡量的结果，不能将结果仅限于人的死亡或伤害或财物毁坏等，故本罪是结果犯的既遂而非行为犯的既遂。但又不能以使法院作出了错误裁判或执行作为既遂标准，因为只要证人不敢或不能作证，或他人已作了伪证，法院正常的司法秩序就已受到扰乱，刑法所保护的客体就已受到实际侵害，就达到既遂标准。也不能将行为人指使行为或暴力、威胁、贿买行为的完成作为既遂标准，因为如果证人最终还是如期作证，或他人拒绝作伪证或未去作伪证，司法秩序就未受到实际的侵害，将其作为既遂认定是不科学的。

第五节　诉讼欺诈中的帮助毁灭、伪造证据罪

一、帮助毁灭、伪造证据罪概述

依刑法第 307 条第 2 款的规定，帮助毁灭、伪造证据罪是指除当事人以外的自然人帮助当事人毁灭、伪造证据，情节严重的行为。该罪侵犯的客体是司法机关的正常秩序；客观行为是帮助当事人毁灭、伪造证据且情节严重的行为；犯罪主体是除当事人以外的人；主观是故意。本罪与妨害作证罪一样，发生的领域是三大诉讼领域，但行为不一定要发生在诉讼立案以后、判决以前，行为时间既可以在诉讼立案以后、判决以前，也可以在诉讼前或执行过程中或审判监督程序中，还可以在判决生效后、准备申诉前。对发生在诉至法院前的毁灭、伪造证据行为，只要行为最终诉至法院或向法院提出申请就可以构成

本罪。

对该罪有争议的问题很多，具体如下：一是帮助犯罪人毁灭证据等构成本罪还是包庇罪，即该罪是否只限于民事诉讼或行政诉讼领域？二是帮助的具体含义什么？三是本罪的犯罪对象是什么？证据是否一定要有物质载体？何为毁灭、伪造？既遂未遂的标准是什么？等等。

二、帮助犯罪人毁灭、伪造证据构成帮助毁灭、伪造证据罪还是包庇罪

通说观点认为，尽管刑法第301条规定的包庇罪只规定了作假证明包庇犯罪人，但包庇的内容不仅限于作假证明，实际上还包括隐匿、毁灭、伪造证据等内容。若将隐匿、毁灭、伪造证据行为按帮助毁灭、伪造证据罪定罪会放纵犯罪人，因为帮助毁灭、伪造证据罪情节严重是构成犯罪的条件，其法定最高刑只有三年，而包庇罪构成的犯罪条件并不需要情节严重，情节严重的要处三至十年有期徒刑，这种毁灭、伪造证据行为的危害重于作假证明包庇犯罪人的危害，这会导致严重不合理的结果，故应对作假证作广义的理解。[①] 但另一种观点认为应当遵循罪刑法定原则，包庇罪不能包括帮助犯罪人毁灭或伪造证据的行为。若有帮助犯罪人毁灭、伪造证据的行为，应定帮助毁灭、伪造证据罪。[②] 按第二种观点会得出不合理的结论，但符合罪刑法定原则，近年的司法考试考题答案也采用第二种

---

① 高铭暄、马克昌主编：《中国刑法解释》（下卷），中国社会科学出版社2005版，第2171页。

② 张明楷著：《刑法分则的解释原理》，中国人民大学出版社2004年版，第119页。

观点，笔者亦赞同第二种观点。在形式罪刑法定原则与实质罪刑法定原则起冲突、又无法通过扩张解释求得二者统一时，除了有利于被告人以外的，应坚持罪刑法定原则的形式要求。故本罪发生的领域可以是所有的诉讼。

三、“帮助”的含义

对于“帮助”的含义，学界有多种观点。

第一种观点为辅助说，认为“所谓帮助，是指为当事人毁灭伪造证据提供条件准备工具的行为，但是这种行为可以表现在毁灭、伪造证据的预备阶段，也可以表现在毁灭、伪造证据的实施阶段。毁灭、伪造证据的行为主体必须是诉讼当事人。”①

第二种观点为辅助加共同说，认为“所谓帮助，既包括为当事人出谋划策、提供各种便利条件，也包括同当事人共同实施毁灭、伪造证据的行为。”②

第三种观点为非独立实施说，认为“所谓帮助，实质是指一切替当事人毁灭、伪造证据，包括受当事人指使而毁灭、伪造证据的行为；教唆、指使当事人毁灭、伪造证据的行为；为当事人毁灭、伪造证据提供各种便利条件或者伙同当事人共同实施毁灭、伪造证据的行为等。这里的帮助仅仅意味着不包括当事人本人的毁灭、伪造证据的行为。”③

---

① 苏惠渔主编：《刑法学》，中国政法大学出版社 2001 年版，第 630 页。

② 赵秉志主编：《妨害司法罪疑难问题司法对策》，吉林人民出版社 2000 年版，第 81 页。

③ 何秉松主编：《刑法教程》，中国法制出版社 1998 年版，第 670 页。

第四种观点为主观目的说，是最广义的，认为“行为人基于帮助当事人目的而实施的所有毁灭、伪造证据行为均涵盖在内。”“包括行为人直接为当事人实施毁灭、伪造证据的行为，也包括出谋划策唆使当事人实施毁灭、伪造证据的行为。”①

笔者认为，上述第三种、第四种观点无本质区别，笔者均赞同。若抛开诉讼欺诈理解帮助毁灭、伪造证据罪，第三种、第四种观点最符合立法原意也最具实质合理性，因为将本罪的帮助等同于共同犯罪中的帮助，就会将当事人本人无毁灭、伪造证据故意，只是行为人毁灭、伪造证据时排除于本罪之外，这显然是不合法理的，也不符合设立本罪的意图。第三种、第四种观点认为帮助既包括共同犯罪的帮助，也包括替当事人毁灭伪造证据的情况，如此就会避免出现当事人本人无毁灭、伪造证据时无法制裁行为人的情况。但我们是基于诉讼欺诈过程中不能以诈骗罪定罪时定帮助毁灭、伪造证据罪来研究的，如果他人主动帮助当事人毁灭、伪造证据，当事人本人不知情的，仅系毁灭、伪造证据人构成本罪，不属于本书研究的诉讼欺诈中所涉的本罪。因为诉讼欺诈必须有诉讼原告人的参与，即使他人是主动帮助当事人毁灭、伪造证据，也是在诉讼当事人配合或故意利用了行为人的毁灭、伪造证据来进行诉讼欺诈的情况下，否则就不存在本书探讨的诉讼欺诈了。故诉讼欺诈中所犯帮助毁灭、伪造证据罪的帮助是指行为人与当事人共犯的意思。具体包括四种情况：一是与当事人一起毁灭、伪造证据；二是受当事人教唆着手实行毁灭、伪造证据；三是教唆当

---

① 黄京平主编：《妨害证据犯罪新论》，中国人民大学出版社 2007 年版，第 156 ~ 158 页。

事人毁灭、伪造证据；四是为当事人毁灭、伪造证据提供方便。按现行刑法规定，除第二种情况对当事人本人可以妨害作证罪追究外，其余三种情况中当事人本人都不构成犯罪，即尽管诉讼欺诈中犯本罪是行为人与当事人的共同行为，但始终只有当事人以外的人才构成帮助毁灭、伪造证据罪。

四、关于帮助毁灭、伪造证据罪的犯罪对象

帮助毁灭、伪造证据罪的犯罪对象是证据还是当事人，争议极大。有学者认为本罪的犯罪对象是证据而非当事人，[①] 也有的学者认为本罪的犯罪对象是当事人。[②] 笔者认为本罪的犯罪对象既有证据又有当事人，一般情况下是证据，因为法律规定的是毁灭、伪造证据，证据是本罪毁灭、伪造行为指向或直接施加影响作用的对象无疑。为何说还有当事人？如前所述，本罪的行为是帮助，而帮助包括了指使当事人毁灭、伪造证据，指使教唆的对象无疑就是当事人，这时行为的对象就是当事人了。

何为本罪的证据？根据是毁灭还是伪造，其证据的含义有不同，毁灭的证据必须是真实的证据，伪造的证据当然是虚假的证据。如果毁灭的是虚假的证据不会危害司法秩序，故不能成为毁灭证据罪的对象。对毁灭的证据有不同理解，笔者认为设立本罪的立法意图是维护正常的司法秩序、保证司法机关正确查处案件，故从证据的种类来看，应是刑事诉讼法、民事诉

① 黄京平主编：《妨害证据犯罪新论》，中国人民大学出版社 2007 年版，第 150 页。

② 赵秉志主编：《刑法相邻相近罪名界定与运用》（下），吉林人民出版社 2000 年版，第 1001 页。

讼法、行政诉讼法已规定了的种类，如毁灭的是诉讼法未规定的证据种类不宜定本罪，如毁灭的是测谎结果不宜定毁灭证据罪。从是否为司法机关调取看，包括已被司法机关调取的证据和未被调取但能证明案件事实的证据材料。已被司法机关调取的证据，又包括已经过庭审质证核实属实的证据和没有经过庭审质证核实的证据，但已经过司法机关按法定程序排除的证据材料即使是真实的也不构成毁灭的对象。毁灭的证据必须具有物质载体，否则不可能加以毁灭。毁灭、伪造证据的“证据”，可以是证明案件实体事实的证据，也可以是证明案件程序的证据，由于刑法第307条规定要情节严重才构成犯罪，故不管哪种证据，均必须对案件处理结果影响重大，如对案件处理结果无关紧要，不属于情节严重的，不构成本罪。

伪造的证据是否必须具有物质载体？学界对民事、行政案件的证据需要有物质载体没有多大争议，故诉讼欺诈人指使他人作伪证、指使翻译人员作虚假翻译构成妨害作证的不属于伪造证据。诉讼欺诈人指使鉴定人作假鉴定属于指使他人伪造证据。对刑事案件中指使被害人推翻原有陈述、指使证人推翻原有证言属于妨害作证不构成本罪无争议，但教唆或帮助被告人翻供、串供是否属于帮助毁灭、伪造证据争议很大。一种观点认为属于帮助毁灭、伪造证据，[①] 另一种观点认为不属于，因为帮助毁灭、伪造证据罪的证据必须要有物质载体。[②] 赞同第

---

① 黄京平主编：《妨害证据犯罪新论》，中国人民大学出版社2007年版，第161页。

② 张明楷：《论帮助毁灭、伪造证据罪》，载《山东审判》2007年第1期，第5页。

一种观点的人更多，且司法实践中也常见到此类案例。[①] 笔者赞同第二种观点。从实质合理性看，第一种观点是正确的，但从语义上解释，没有物质载体的证据不可能被毁灭和伪造，对之作扩张解释也无法将教唆当事人翻供或推翻原有供述包括在内，只有有物质载体的证据才可能被毁灭和伪造。扩张解释不能违背字义所能包括的含义，但可将教唆或帮助被告人翻供、串供解释成指使他人作伪证。

五、“毁灭、伪造”的含义

（一）“毁灭”的含义

学界对本罪“毁灭”的含义理解有争议，具体有以下三种学说：

第一种是狭义说，指把证据烧毁、撕掉、涂抹等。[②]

第二种是广义说，指一切使证据不能再起到证明案件真实情况的作用的手段。[③]

第三种为区别说，认为毁灭证据的方式因证据种类的不同而不同。对于书证、有证人签名的书面证人证言，毁灭方式既可以是焚烧、撕毁、涂抹，也可以是丢弃或其他使书面载体消

---

① 湖南省临武县谭某故意杀人案，谭母和陈某指使谭某否认谭原作出的杀人供述，湖南省临武县人民法院于1998年7月8日以帮助毁灭、伪造证据罪判处谭母、陈某期徒刑2年，缓刑3年。参见《新闻周刊》2000年2月24日。

② 欧阳涛、魏克家、刘仁文主编：《中华人民共和国新刑法注释与适用》，人民法院出版社1997年版，第596页。

③ 王丽、林维：《论辩护人、诉讼代理人毁灭证据、伪造证据、妨害作证罪》，载陈兴良主编：《刑事法判解》（第4卷），法律出版社2001年版，第61页。

失或不能辨明其内容的方式。对于物证，可以是焚烧、砸毁、丢弃等使物证本身消失的方式，也可以是改变物证以证明案件事实形态或痕迹等的方式。对于视听资料，可以是焚烧、砸毁、丢弃等毁灭其载体的方式，也可以是既不毁灭其载体又不改变其内容，仅使其视听资料不能打开、观看、播放等的方式。隐匿证据不交不属于本罪的“毁灭”。①

笔者赞同第三种观点，理由如下：第一，诉讼当事人有提供证据的权利，如果其不提供证据只承担不利诉讼结果，不能因其隐匿证据不交而追究其行政或刑事责任；但按第二种观点，当事人或其代理人隐匿证据不交也可能构成本罪，这显然不科学，且要求代理人提交一切证据还与律师不能作损害当事人权利之事的职业义务相违背。但如果证据已提交给司法机关或已被司法机关收集后，行为人寻机将其隐匿不交的可认定为毁灭证据。这是因为：如果司法机关已收集了此证据，行为人借阅卷之机将该证据藏匿不还的客观危害重于将司法机关未收集的证据隐匿不交，此时行为人主观恶性更大，故可将行为人借查阅案卷材料之机将证据隐匿不交认定为毁灭证据。第二，第一种观点太狭义，按此种观点，不毁灭视听资料载体、不改变其内容，仅使视听资料不能打开、观看、播放等的方式将很难归于毁灭证据之中，而两种行为的社会危害程度并无区别，刑法上应一样评价。

（二）“伪造”的含义

伪造的主体是当事人以外的人并无争议，但对伪造是指全部伪造还是包括变造尚有争议。一种观点认为伪造“包括将

---

① 黄京平主编：《妨害证据犯罪新论》，中国人民大学出版社 2007 年版，第 159 页。

与案件事实没有关系的伪造成有关系，也包括将原来的真实证据予以改变”。[①] 另一种观点认为“所谓伪造证据，是指制造虚假的证据”。[②] 笔者赞同第一种观点，因为我国刑法理论通说和司法实践均认为，只要刑法未专门规定与伪造相应罪名的变造罪名，伪造均包含变造，即采用广义伪造。

因为笔者主张本罪的证据必须有物质载体，故证人若向司法机关作虚假的言词证明、教唆当事人推翻以前供述或作虚假陈述等行为不属于伪造证据，但证人向司法机关出具虚假书面证言，鉴定人等制作与案件真实情况不符的鉴定结论、勘验笔录、视听资料，提供与案件无关的物品称系与案件有关的物证等行为属于伪造证据。当然，对真实的物证、书证、鉴定结论、视听资料删去部分内容及增加、涂改等变造行为也属于伪造证据。

六、既遂未遂标准

帮助毁灭、伪造证据罪的既遂未遂标准争议很大，有以下几种观点：

第一种观点认为本罪是行为犯，有既遂未遂之分，毁灭、伪造证据的行为实施完毕就成立既遂。至于当事人是否实际毁灭、伪造了证据，司法机关的正常诉讼活动是否因行为人所实施的毁灭、伪造证据行为而实际受到妨害，则与该罪既遂的成

---

① 何秉松主编：《职务犯罪的预防与惩治》，中国方正出版社 1999 年版，第 438 ~439 页。

② 赵秉志主编：《妨害司法罪》，中国人民公安大学出版社 1999 年版，第 74 页。

立无碍。[①]

第二种观点认为本罪是情节犯，而情节犯无既遂未遂之分，不存在未遂形态。[②]

第三种观点认为本罪是结果犯，认为本罪“应该以行为的实施造成了证据的毁灭或虚假的结果为既遂标准”。[③]

第四种观点是抽象危险说，认为本罪有既遂未遂之分。[④]

笔者赞同第三种观点。第一种观点将其作为行为犯的不妥之处在于，行为人即使实施完毕毁灭、伪造证据的行为，但如果因为行为人意志以外的原因未能使证据毁灭或伪造出证据，本罪的客体就不会受到实际侵害，将其认定为既遂不妥。第二种观点认为只要是情节犯就无既遂未遂之分太绝对，一般说来情节犯无既遂未遂之分，达到了情节严重就是既遂。但因为决定情节是否严重的因素多种多样，是否既遂只是情节严重的一个判断标准。除此之外，行为人动机的好坏、其妨害扰乱的案件是否重大等也是决定情节是否严重的因素。也可能因为行为人动机恶劣、其妨害扰乱的案件重大，即使行为人毁灭、伪造证据的行为未实施完毕或证据未能毁灭、伪造的也属于情节严重，应定罪但不能定其既遂。第四种观点认为其属于抽象危险犯但又认为其有既遂未遂之

① 赵秉志主编：《妨害司法罪疑难问题司法对策》，吉林人民出版社2000年版，第90～91页。

② 阴建峰、周加海主编：《共同犯罪适用中疑难问题研究》，吉林人民出版社2001年版，第548页。

③ 李福芹：《证据犯罪研究》，2002年西南政法大学硕士学位论文，第32页。

④ 叶高峰、彭文华：《危险犯研究》，载《郑州大学学报》（社会科学版）2000年第6期，第42页。

分是自相矛盾，因为只要行为人有帮助毁灭、伪造证据的行为，必定有造成司法机关正常诉讼活动受到妨害的危险，因而实施毁灭、伪造证据的行为与妨害司法秩序是同一的，按此观点实际上不可能有既遂未遂之分。危险犯是立法为加大对法益的保护、增强打击力度而将既遂标准提前的结果。为防止破坏罪刑法定原则，危险犯只存在于法律有明文规定的罪名中，如“危害公共安全罪”一章中的放火、爆炸、破坏交通工具、破坏交通设施等犯罪，不能任意扩大危险犯的范围。本罪法条并没有规定，故定义本罪是结果犯既遂是合理的，但既遂结果是行为人已毁灭或伪造出了证据，不要求司法机关作出了错误的裁判、执行等。

第六节　诉讼欺诈中的伪造公司、企业、事业单位、人民团体印章罪

一、概念特征

伪造公司、企业、事业单位、人民团体印章罪指自然人伪造公司、企业、事业单位、人民团体印章的行为。本罪客体是公司、企业、事业单位、人民团体的声誉和正常活动及国家对社会的管理秩序。本罪的犯罪对象是公司、企业、事业单位、人民团体的印章。犯罪主体是自然人。主观上是直接故意，间接故意不构成本罪。

二、本罪对象

本罪的对象是公司、企业、事业单位、人民团体的印章。所谓印章，指公司、企业、事业单位、人民团体刻制的文字与

图记表明主体同一性的本单位公章、合同专用章、财务章。因单位内部部门科室、车间等印章不能对外，故一般不包括伪造单位内部部门科室、车间等的印章。但可以对外使用的如财务章、单位人事部门印章也属于本罪的对象。印章包括印形和印影。印形指固定公司、企业、事业单位、人民团体名称等内容并可以通过一定方式表示在其他物体上的图章。印影指印形加盖于纸张等物体上所呈现的形象，不管伪造印形还是印影，均属于本罪的对象。

诉讼欺诈犯罪中最常见的是伪造合同、收款收据、借据等，只要这些文书上有伪造的公司、企业、事业单位、人民团体印影就属于本罪。例如，行为人尽管伪造的是以公司、企业、事业单位、人民团体的名义出具的合同、收款收据、借据、证明等，但只要上面无伪造的上述单位的印影就不构成本罪，因为刑法只规定了伪造国家机关的公文、证件构成犯罪，并未规定伪造公司、企业、事业单位、人民团体的公文、证件构成犯罪。但行为人伪造公司、企业、事业单位、人民团体的公文、证件的行为有可能属于伪造证据的行为。

由于刑法并未限定公司、企业、事业单位的所有制性质，故不管是伪造公有制还是私有制的公司、企业、事业单位印章，均可以构成本罪。人民团体和社会团体是两个不同的法律概念，故伪造社会团体的印章不管此社会团体是公有的还是私有的，均不构成本罪。伪造城镇居委会、农村村委会的印章也不构成本罪。伪造社会团体、居委会、村委会的印章如系为了伪造证据而为，则属于伪造证据罪的预备行为。

伪造根本不存在的公司、企业、事业单位、人民团体的印章是否构成本罪？有人认为这种行为不会对真实存在的公司、企业、事业单位、人民团体的声誉和正常活动造成危害，故不能构成本罪。当然如果制作某一公司、企业、事业单位、人民团体内部的某个并不存在的部门或分支机构的印章的行为，则由于会损害到该公司、企业、事业单位、人民团体的整体形象、声誉和正常活动，可以构成该罪。① 笔者认为，如将本罪的客体仅限于所伪造印章的单位的声誉、正常活动，则伪造根本不存在的公司、企业、事业单位、人民团体的印章不会危害社会，则不构成犯罪，但笔者认为这并不是立法者设立本罪的意图。本罪的客体除被伪造的公司、企业、事业单位、人民团体的声誉和正常活动外，更主要的是本罪扰乱社会管理秩序、危害社会的结果，因为行为人有此罪行为并不是其最终目的，其最终目的是为骗贷、合同诈骗、诉讼诈骗、招摇撞骗等准备工具、制造条件，打击此类行为并不只是保护被伪造印章的单位的合法权益，而是维护整个社会的安全和安宁。如果立法者设立此罪的意图只是保护被伪造印章的单位的合法权益，就会将此罪放在刑法分则第三章“妨害公司、企业管理秩序罪”一节中，故笔者认为行为人伪造并不存在的公司、企业、事业单位、人民团体的印章照样构成本罪。

三、客观要件

本罪的客观行为“伪造”是否包含变造？尽管刑法在同一法条中规定了伪造、变造、买卖国家机关公文、证件、印章罪，规定本罪时无变造的规定，但我国刑法理论通说认为，规定了变造的是一种注意强调性规定，并非未规定就表明立法意图是将变造排除于犯罪之外。未规定变造的犯罪，伪造是广义

---

① 高铭暄、马克昌主编：《中国刑法解释》（下卷），中国社会科学出版社 2005 年版，第 1982 页。

的，既包括伪造又包括变造，笔者赞同此种理解。故本罪的变造行为包括在真实的印形上改变内容和在真实的印影上改变内容。

刑法并未规定构成本罪要情节严重等其他客观要件，但受刑法总则第13条“但书”的制约，如果情节显著轻微、危害不大的，则不构成犯罪。所谓情节显著轻微，如伪造后并未使用、动机不恶劣等。在诉讼欺诈中，行为人系非侵财型欺诈或侵财型欺诈因侵财未遂不能定诈骗罪时，如行为人有伪造公司、企业、事业单位、人民团体的印章行为，就应定此罪。

第七节　诉讼欺诈中的伪造、变造、买卖国家机关公文、证件、印章罪

一、概念特征

伪造、变造、买卖国家机关公文、证件、印章罪指自然人故意伪造、变造、买卖国家机关公文、证件、印章的行为。本罪客体是国家机关声誉和国家机关的正常活动。客观行为是伪造或变造、买卖国家机关公文、证件、印章的行为。犯罪主体是一般自然人主体。主观要件是直接故意。

二、犯罪对象

本罪的对象是国家机关的公文、证件、印章。所谓公文，指国家机关制作的，用以联系事务、指导工作、处理问题的书面文件。根据《国家行政机关公文处理办法》第9条的规定：行政机关公文包括命令（令）、决定、公告、通告、通知、通报、议案、报告、请示、批复、意见、函、会议纪要十三类。

所谓证件，指国家机关制作颁发的，用以证明身份、职务、权利义务关系或其他有关事实的凭证，如工作证、结婚证、护照、营业执照、驾驶证、房产证等。以上公文或证件是否要求盖有国家机关印章或有领导亲笔签名？例如，伪造机动车号牌、无权之人使用印有国家机关名称的信笺写公文、用印有国家机关名称的外皮包装非国家机关证件等行为是否为伪造国家机关公文、证件？一种观点认为，该行为属于本罪的预备行为，[①] 另一种观点则认为不构成犯罪。[②] 笔者对以上两种观点均不赞同，笔者认为有的属于本罪的预备或未遂行为，不符合本罪的预备、未遂行为的则无罪。因为国家机关公文、证件是以国家机关名义制作颁发的，能证明是国家机关制作颁发的标志是国家机关印章或有国家机关有关领导人的签名，对未加盖国家机关印章或有国家机关有关领导人的签名的公文、证件，社会一般观念不认为是国家机关公文、证件，一般不相信是国家机关出具的，不会侵害本罪客体，故伪造、变造、买卖未能加盖国家机关印章或领导签名的公文、证件不属于既遂。但在伪造故意支配下，在国家机关信笺上写公文的行为已进入了着手，未及加盖国家机关印章就案发不能说属于犯罪预备，有的使用了国家机关名称的证件外皮包装了真实的非国家机关证件的人是为显示自己的地位，因缺乏伪造故意不构成本罪。但当中有的的确属于本罪的预备或未遂行为，故一律认为是本罪的预备或均无罪都不妥当。

---

① 高铭暄、马克昌主编：《中国刑法解释》（下卷），中国社会科学出版社 2005 年版，第 1980 页。

② 赵秉志主编：《扰乱公共秩序罪》，中国人民公安大学出版社 2003 年版，第 93 页。

伪造并不存在的国家机关公文、证件、印章是否构成本罪，理论界有两种观点：第一种观点认为不构成犯罪。因为无此国家机关存在，谈不上侵犯国家机关声誉和正常活动。[①] 第二种观点认为应以本罪论处。国家机关是一个整体，这种行为使真实的国家机关声誉受损，可能造成国家机关正常活动由于社会成员怀疑其真伪而受到影响的后果，其与伪造真实存在的国家机关公文、证件、印章行为社会危害相当，应给予处罚。[②] 笔者赞同第二种观点，因为“并不存在的国家机关”也包括真实的国家机关中并不存在的层级、分支机构，社会公众除对一些主要的国家机关有了解外，对与自己生活联系不紧密的国家机关并不了解，即使知道有哪些国家机关存在，对这些国家机关的层级、分支机构也不可能有准确的了解，当其受虚假国家机关公文、证件、印章之害时，会对真实的国家机关公文、证件、印章的真伪也产生怀疑，影响国家机关的管理活动，故也应将其纳入犯罪圈。

三、客观、主体要件

所谓伪造是指公文、证件形式要件虚假，也包括形式要件真实、但实质要件虚假的无形伪造，如法院审判员利用职务之便制作并不存在的案件判决书骗得法院有关人员盖了法院印章提供给他人，房管局办证人员违法出具并不存在的房产的房产证。故国家机关工作人员利用职权非法出具国家机关公文、证

① 赵秉志主编：《扰乱公共秩序罪》，中国人民公安大学出版社2003年版，第93页。

② 王作富主编：《刑法分则实务研究》（下册），中国方正出版社2003年版，第1384～1385页。

件也属于广义的伪造。所谓变造，是指在真实的国家机关公文、证件、印章上采用添加、删除、涂改等方式变更其内容的行为，也包括在真实的国家机关证件、在盖有真实的国家机关印章或领导签名的空白信笺上进行填写虚假内容的行为，或伪造公文、证件后采用盗窃、欺骗方法加盖真印章、骗取领导签名的行为。

在虚假的证件、信笺上填写假内容属于最基本的伪造。

行为人买卖已过期或已作废的国家机关证件、印章属于伪造国家机关证件、印章还是属于买卖国家机关证件、印章？买卖国家机关证件中的证件、印章是否只指真实的国家机关证件、印章？如买卖伪造的国家机关证件、印章应如何定性？上述几个问题的实质是如何认定买卖国家机关证件、印章罪的犯罪对象。笔者认为，此处的国家机关证件、印章既包括现行真实有效的国家机关证件、印章，也包括真实但过期、失效的国家机关证件、印章。其中，印章既包括印章实体，也包括印影，如买卖盖有真实的国家机关印章印影的空白信笺；既包括真实的国家机关证件、印章，也包括伪造的国家机关证件、印章。将其作扩张解释并不违反罪刑法定原则，因为法条并未明确规定“国家机关证件、印章”是真实的还是虚假的，也未限定是现行有效的还是已过期作废的。如果将其限定在现行有效的、真实的国家机关证件、印章实体，会让买卖过期失效的或伪造的国家机关证件、印章或买卖国家机关印影的行为逃脱法律的制裁，而买卖过期失效的或伪造的国家机关证件、印章或国家机关印影的行为与买卖真实有效的国家机关证件、印章的行为给社会带来的危害程度并无明显差异。因为国家机关的层级、种类繁多，民众并不了解有哪些国家机关或哪些国家机关已撤销合并等，会因出于对国家机关的信任而受骗，受骗后对真实的国家机关公文、证件也会怀疑，同样会严重扰乱国家机关的声誉和国家机关的正常活动。

由于伪造的技术含量较高，现实中许多需要伪造的证件、印章的人并不亲自伪造，而是出高价要求专门从事证件制作、印章刻制者伪造或变造。伪造、变造者本人构成本罪无争议，争议在出价者或需求者，如果其要求他人伪造、变造，是否构成本罪？实际上出价者、需求者与伪造者的行为属于对向犯，且属于法律明确规定只罚伪造者一方的对向犯。对法律规定只罚一方的对向犯，另一方是否绝对不构成犯罪在刑法理论上是有争议的。一种观点认为需求者或出价者均不构成犯罪，因为刑法立法时就想到了需求者，但规定只处罚伪造者，故需求者不构成犯罪。① 第二种观点认为一般不构成犯罪，但如果伪造者并非专门从事伪造行为之人，本无伪造故意，是在需求者教唆下才为伪造行为的，则需求者属于伪造者的教唆犯，以共犯定处。如伪造者本身就从事此业务，需求者出价要其伪造的，则需求者不构成犯罪。② 笔者同意第二种观点，因为此种观点符合立法只罚一方的意图，但出价者、需求者教唆不具有伪造意图的人伪造属于教唆他人犯罪，教唆犯通常是主犯或与实行犯负同等责任，如果此种情况还只罚被教唆人不罚教唆者，显然不合法理。

刑法第 280 条还规定了盗窃、抢夺、毁灭国家机关公文、证件、印章罪，行为人盗窃、抢夺加盖了国家机关印章的空白

---

① ［意］杜里奥·帕多瓦尼著：《意大利刑法学原理》，陈忠林译，法律出版社 1998 年版，第 1339 页。

② 张明楷著：《刑法学》，法律出版社 2003 年版，第 333 页。

公文纸、证件填写假公文、假证件的行为构成变造国家机关公文、证件、印章罪还是构成盗窃、抢夺国家机关证件、印章罪？还是同时构成两罪？如符合两个罪的犯罪构成从一重罪定处，属于想象竞合犯还是牵连犯？笔者认为，这主要是对盗窃、抢夺、毁灭国家机关公文、证件、印章罪的犯罪对象如何定义的问题。笔者认为，由于在加盖了真实印章上的公文笺或证件上填写虚假内容的行为属于变造国家机关公文、证件，故盗窃、抢夺、毁灭国家机关公文、证件、印章罪的对象仅指内容、印章齐全的国家机关公文、证件，国家机关印章也仅指国家机关的印章实体（印形），不包括印影。如果为了伪造、变造、出卖而盗窃、抢夺只加盖了国家机关印章但未填写内容，或只填写了内容但未盖有国家机关印章的公文、证件和领导未签字的公文，属于变造、买卖国家机关公文、证件罪的预备行为，不属于独立的犯罪行为，更不构成数罪。如果毁灭的是欠缺内容（只加盖了国家机关印章的公文、证件或只填写了内容但未加盖国家机关印章或领导未签字）的公文，该行为无罪。

本罪主体仅限于自然人，单位不构成本罪。如果行为人是国家机关工作人员，其利用职务之便违法出据国家机关公文、证件的行为既构成了本罪也触犯了滥用职权等渎职罪，属于想象竞合犯，应从一重罪定处。如果国家机关工作人员未利用职务之便而是以其身份方便条件而偷盖印章等则属于伪造行为，不属于渎职犯罪。

第八节　诉讼欺诈中的职务犯罪

一、利用职务之便进行诉讼欺诈的定性

诉讼欺诈行为人有的是利用职务之便进行诉讼骗取本单位财物的，对诉讼欺诈人定相关职务犯罪还是非职务犯罪、定一罪还是数罪？例如，季某、郁某在某公司（民营企业）物资部分别担任经理、经理助理。两人为骗取本公司财物，商议伪造该物资部欠某化工厂聚丙烯原料款674000余元的凭据，并加盖了该公司物资部的公章。他们找到化工厂经理丁某，要丁某向法院起诉要求物资部归还原料款，许诺事成后分给丁某16000元。丁某同意并以化工厂名义向法院提起诉讼，要求该公司物资部“归还本单位欠款674000元”。法院受理此案后，季某、郁某代表公司参加诉讼。法院判令该公司限期归还化工厂该笔欠款本息674000余元。执行判决过程中案发，季某、郁某和丁某未能得到这笔款项。对季某、郁某的行为定职务侵占罪、诈骗罪还是妨害作证罪？笔者认为，季某、郁某的行为利用了经理、经理助理的职务之便非法占有本单位财物，也属于采用虚构事实、隐瞒事实真相的方式骗取本单位财物，既构成了职务侵占罪也构成了诈骗罪，二罪属于交叉竞合的法条竞合犯关系。职务侵占罪主体是特殊主体，与诈骗罪相比属于特别法，因为特别法优先适用，故应定职务侵占罪。另外二人还采用贿买方式指使化工厂经理丁某作伪证，触犯了妨害作证罪，但其妨害作证行为也是其职务侵占或诈骗罪的客观手段行为，妨害作证罪与职务侵占罪或诈骗罪之间属于想象竞合犯，应从一重罪定处。因为二人还未获取财物，被害人也未失去财

物，故职务侵占罪、诈骗罪均属于未遂。妨害作证罪是行为犯，其行为已实施完毕，系既遂。妨害作证罪依法处三年以下有期徒刑或拘役，职务侵占罪属数额特别巨大的，应处五年以上有期徒刑，即使对未遂可以从轻或减轻处罚，以职务侵占罪定处也更重，故季某、郁某二人构成职务侵占罪。丁某是以原告身份出现的，属于诉讼当事人，不能以帮助毁灭、伪造证据等妨害司法方面的罪定处，但为得到16000元帮助季某、郁某实现职务侵占，构成职务侵占罪的帮助犯还是诈骗罪的帮助犯？抑或构成非国家工作人员受贿罪？笔者认为，丁某主观目的是得到16000元贿赂款并非674000元，并未与季某、郁某形成诈骗罪的共同故意，尽管其客观上成为季某、郁某职务侵占罪的帮助犯，为得到贿赂利用职务之便帮助他人诈骗，但由于立法规定的非国家工作人员受贿罪包含了利用职务之便为他人谋利而收受贿赂，利用职务之便为行贿方诈骗谋利是受贿客观要件行为，立法既然已经对渎职者规定了特定罪名，故对其渎职行为又属对方帮助行为就不能以对方共犯定处。因为丁某并未实际得到贿款，也未帮助季某、郁某谋到诈骗利益，但其已经以化工厂名义起诉，系受贿的未遂。然而其受贿数额不多，从司法实践掌握看，对受贿数额不大的未遂犯一般是不定罪的。因此，丁某的行为无罪。

二、诉讼欺诈人与审判人员勾结进行诉讼欺诈的定性

诉讼欺诈人与审判人员勾结作案对审判人员定性时，要区分是以非法占有为目的还是不以非法占有为目的。如不以非法占有为目的，审判人员可能涉及的罪名有滥用职权罪，妨害作证罪，帮助毁灭、伪造证据罪，受贿罪，枉法裁判罪，伪造国家机关公文罪等。例如，王某低价购买了一辆无牌照、无合法

手续的价值12万余元的轿车，王某意图通过关系拿到法院的法律文书，证明该车系抵账车辆，以达到车能入户的目的。王某找到该市某基层人民法院任民二庭庭长的亲戚李某，送给李某4000元钱，要求李某为自己弄一份某单位同意以此轿车抵欠货款的调解书，以便能为此车上户。李某同意帮忙，指使王某伪造有关合同等提出起诉书，该院立案后就能帮王拿到调解书。二人商量了伪造内容、做法等具体细节。王某找人私刻印章后，伪造了该市物资供应处与该市五金厂机电设备物资供应站的订货合同和验收货物记录，王某以该市物资供应处名义起诉，要求本市五金厂机电设备物资供应站支付所欠货款10万元，并向该区人民法院提出起诉书。李某所在庭收到此案后，李某揽办了此案，利用职务之便制作了本市五金厂机电设备物资供应站愿以本单位一台轿车抵债、市物资供应处也同意调解的笔录和民事调解书，并加盖了本法院公章，将此调解书提供给王某。王某利用李某提供的法院调解书，将此车入户后又转卖给他人获款10万余元。案发后查明，此车系被抢劫的赃车。本案中，王某属于诉讼欺诈无疑，对李某如何定性发生了争议，有构成滥用职权罪、枉法裁判罪、帮助伪造证据罪、伪造国家机关公文罪之说。笔者认为，李某不构成枉法裁判罪，枉法裁判罪损害的是审判司法公正，但本案无实质的原被告等当事人，不会损害司法公正。李某先以普通公民身份指使王某伪造诉讼证据，使其诉讼欺诈成功，其身为法院审判人员，执法犯法，属于情节严重，构成帮助伪造证据罪；此后又利用审判人员职务之便伪造调解笔录制作调解书，使他人赃车能顺利过户，社会影响恶劣。最高人民检察院2005年在《关于渎职侵权犯罪案件立案标准的规定》中规定的“严重损害国家声誉，或者造成恶劣社会影响的”，也属于致使国家和人民利益遭受重大损失的行为，故李某还构成滥用职权罪；另外李某违法出具法院调解书，还属于伪造（无形伪造）国家机关公文，构成伪造国家机关公文罪；李某收受贿赂未达受贿罪标准，不构成犯罪。帮助伪造证据罪与滥用职权罪之间属于牵连犯，从一重罪定滥用职权罪。滥用职权罪与伪造国家机关公文罪之间属于想象竞合犯，应从一重罪定处，本案中李某的情节还不属于伪造国家机关公文罪的严重情节，故最终对李某应以滥用职权罪定罪。王某的行为属于典型的诉讼欺诈，因王某系原告当事人，其伪造证据进行诉讼欺诈行为按现行刑法不构成犯罪。但王某如果指使、教唆不具有伪造印章故意的人员产生伪造故意而伪造企业印章，其行为便属于伪造企业印章罪的教唆犯，构成伪造企业印章罪；如果其是出钱找专门从事违法刻制印章人员私刻企业印章，王某的行为无罪。

审判人员与以非法占有为目的进行诉讼欺诈的人共同勾结作案的定性更为复杂，有的审判人员与诉讼欺诈人协议按非法所得比例分赃；有的是明知他人诉讼欺诈因收受贿赂后故意对诉讼欺诈人的行为视而不见，或作出违法裁判，或执行错误的仲裁、公证文书等，并未达成与诉讼欺诈人一样的共同故意。笔者认为，前一问题司法工作人员与他人形成了共犯关系，滥用职权帮助他人犯诈骗罪，实质行为人是渎职罪的实行行为同时又系他人诈骗犯罪的帮助犯，定枉法裁判罪还是定诈骗罪，也即定实行行为罪名还是定他人犯罪的帮助犯，理论争议很大；后一问题行为人的行为属于受贿后滥用职权或枉法裁判，属于诉讼欺诈人的对向犯，一般认为司法人员与诉讼欺诈人不构成共同犯罪，对行为人以渎职犯罪论处。

对国家工作人员利用职权与他人形成共同故意共同骗取其他人财产，是定双方均构成普通诈骗罪还是双方均构成渎职类犯罪？还是分别定性国家工作人员构成渎职罪，他人定诈骗罪？审判人员与诉讼欺诈人形成了非法占有的共同故意，属于共同进行诈骗活动，由于实行犯是诉讼欺诈人，审判人员只可能是诈骗罪的教唆犯、帮助犯或指挥者，不可能是实行者，按我国刑法理论界通说，应按实行犯构成的罪名认定，故审判人员与诉讼欺诈人构成诈骗罪的共犯；另外，因为审判人员在民事、行政审判中故意违背事实和法律作枉法裁判，还构成枉法裁判罪，二罪之间属想象竞合犯，应从一重罪定处。这样论述似乎与前案笔者认为审判人员构成滥用职权罪不构成枉法裁判罪矛盾。但笔者认为不矛盾，因为前案行为人不以非法占有为目的，不属于侵财型诉讼欺诈，也不存在真实的诉讼双方当事人，不存在损害对方当事人或其他人的财产所有权问题，不损害司法公正，故没有枉法裁判罪的犯罪客体。但侵财型诉讼欺诈的裁判肯定会损害对方当事人、诉讼第三人或案外人的财产所有权，审判人员有实质的裁判行为，会损害审判机关的公正司法权，符合枉法裁判罪的构成要件，故构成枉法裁判罪而非滥用职权罪。

按上述立法规定和司法解释的精神，只要他人与渎职者构成了渎职的共同故意，伙同司法人员渎职的，就可构成审判人员渎职罪的共犯。

三、审判人员渎职或受诉讼欺诈之受害单位有关人员与诉讼欺诈人无勾结的定性

与诉讼欺诈人无勾结时，审判人员或受害单位人员无构成诈骗罪，帮助毁灭、伪造证据罪等罪的可能，只可能构成渎职罪。按我国刑法规定，单位人员若不是国家工作人员，滥用职权或失职使本单位受损失的是不构成犯罪的。只有国家工作人

员才可能构成国有公司、企业、事业人员滥用职权罪，国有公司、企业、事业人员失职罪，国有公司、企业、事业人员签订履行合同失职被骗罪等。审判人员或国家工作人员对发生的诉讼欺诈是否构成渎职犯罪，要看其主观是否有罪过，即使诉讼得逞，但只要行为人已尽职尽责，由无法抗拒或无法预见的原因引起该结果，就不能追究审判人员或国家工作人员的刑事责任。例如，诉讼被告单位的法定代表人对原告进行的诉讼欺诈，作出了委托得力的诉讼代理人、向司法机关申诉对方是造假欺诈等努力，或提出了上诉、尽力提供了对方欺诈证据等，但审判人员置之不理，还是判决被告败诉，此时法定代表人就属因不可抗力不构成犯罪。但其该申诉未申诉、该上诉未上诉、该提交可以提交的证据不提交导致败诉的，所受损失达2006年《最高人民检察院关于渎职侵权犯罪案件立案标准的规定》规定的定罪标准的经济损失的，可能构成国有公司、企业、事业人员失职罪。审判人员未能识别自己办理案件中的诉讼欺诈，则要根据其业务水平能否有识别出的可能、工作中是否严格按国家法律法规和单位相关规章制度办案等标准来判断。一般说来，依相关规定因为应审查不审查、应取证不取证、应听取有关单位人员的意见不听取等行为而致诉讼欺诈得逞，致他人遭受达到2006年《最高人民检察院关于渎职侵权犯罪案件立案标准的规定》规定的定罪标准的经济损失或致被害人自杀身亡的，审判人员至少有失职行为，构成玩忽职守罪。受害单位的有关国家工作人员、审判人员如明知对方系诉讼欺诈，为报复本单位或达到其他个人目的而置之不理导致被告败诉的，则属于滥用职权，构成相关滥用职权犯罪。

第九节　诉讼欺诈中的一罪数罪

诉讼欺诈的行为人在行为过程中，常会有妨害作证，伪造国家机关公文、证件、印章，伪造公司、企业、事业单位、人民团体印章，损害商业声誉、商品声誉，诽谤，向法官行贿、骗得财产性利益等数行为，数行为同时触犯证据类罪、伪造类罪、行贿罪、诈骗罪等数罪，此时对行为人应从一重罪定处还是应数罪并罚？笔者认为，虚假陈述中损害他人商业信誉或商品声誉的，或虚构事实过程中泄露了他人商业秘密所触犯的损害商业信誉罪、商品声誉罪、侵犯商业秘密罪与诈骗罪之间属于想象竞合犯，只能从一重罪定处。诈骗罪属于复合行为，包括：一是虚构事实或隐瞒事实真相，二是取财或接受财物行为。行为人虚构事实是诈骗罪的必需行为，非此不构成诈骗罪，故不能认为行为人实施了刑法上的数行为，只应认定其实施了刑法上的一个行为。一个行为同时触犯数个罪名属于想象竞合犯或法条竞合犯，因诈骗罪与损害商业信誉、商品声誉罪、侵犯商业秘密罪之间无法条竞合关系，故排除法条竞合犯，此时属于实质一罪，只能定一罪，绝不能定数罪。

当行为人通过妨害作证，伪造国家机关公文、证件、印章，伪造公司、企业、事业单位、人民团体印章，向法官行贿等行为进行诉讼欺诈骗取他人财物的，由于行为人有了这些行为后还会在诉讼中进行虚假陈述、虚构事实骗取财产，舍弃前述行为也可以构成诈骗罪，前述行为是为使法官更能相信其虚假陈述从而达到其骗取财物目的的手段行为，故属于数行为触犯数罪名，数行为之间有手段与目的之间的牵连，系牵连犯。牵连犯是实质数罪，按对牵连犯的处罚原则，除非法律、司法解释明确规定要定数罪或定一罪明显违背罪刑相适应原则，否则均应从一重罪定处，故一般应定诈骗罪。

当行为人的行为是非侵财型诉讼欺诈，并在此过程中实施了妨害作证，伪造国家机关公文、证件、印章，伪造公司、企业、事业单位、人民团体印章，向法官行贿等行为时，上述数行为缺乏手段与目的或手段与结果之间的牵连关系，应对行为人数罪并罚。

当行为人想利用诉讼欺诈来损害他人商业信誉、商品声誉，侵犯他人商业秘密而实施了妨害作证，伪造国家机关公文、证件、印章，伪造公司、企业、事业单位、人民团体印章，向法官行贿等行为时，系手段与目的行为之间的牵连犯关系，一般从一重罪定处。

第五章　应然选择：修改刑法，增设诉讼欺诈罪

第一节　增设诉讼欺诈罪的合理性和必要性

前述在现行法律框架下对侵财型诉讼欺诈定诈骗罪，非侵财型诉讼欺诈定妨害司法或伪造类罪名的做法，均不能完全解决诉讼欺诈问题，是无可奈何之举。其缺陷有以下两个：

一是非侵财型诉讼欺诈中，如果行为人采用暴力、威胁、贿赂等方法阻止证人以外的人作证，或当事人本人毁灭、伪造证据且无伪造单位印章等其他罪的行为，或证人系自动为诉讼欺诈人作言词伪证时，就不能对行为人定罪，此时便会出现很大的法律盲区因而让诉讼欺诈人钻法律空子。即使对诉讼欺诈人按妨害作证罪、伪造类罪名定处，其打击力度也不够。因为为了进行诉讼欺诈而犯妨害作证罪、伪造类罪名与非进行诉讼欺诈所犯上述罪的社会危害大不相同，后者不会让法院错误立案，而前者既浪费司法资源，还会使法院的声誉遭受更大的损害，故前者的法定刑应该更重，更重的法定刑只有另设罪名才能解决。

二是侵财型诉讼欺诈定诈骗罪个别时候也存在法律障碍：

第一，诉讼欺诈与三角诈骗在构成要件上还是有差异的，即前述法院明知行为人证据有诈但苦于无证据证实的情形，根据我国诉讼法证据规则法院不得不判行为人胜诉，此时以诈骗罪定处不妥。第二，法院强制执行仲裁裁决、公证文书时即使明知可能有诈，因无证据推翻现有证据也不得不执行，此时也很难说法院是受骗而自动处分交付财物。第三，诈骗罪只能由自然人构成，但诉讼欺诈属于单位行为的情形并不罕见，如行为人是单位时就难定诈骗罪。第四，根据我国现行刑法规定，诈骗罪要求达到数额较大才构成犯罪，对诈骗未遂——除非想诈骗数额巨大或特别巨大财物外——一般不以犯罪处理，且诈骗罪的既遂标准是被害人财产已交付，侵财型诉讼欺诈还未强制执行时，则对行为人就难以诈骗罪定处。可见，即使采用扩张解释的积极态度将侵财型诉讼欺诈定性为诈骗罪，相对于猖獗的诉讼欺诈行为，法律的惩治也会显得软弱无力。

如采用保守做法，对诉讼欺诈按 2002 年 10 月 24 日最高人民检察院法律政策研究室答复认定更是弊端重重。前已分析，此答复对非侵财型诉讼欺诈适用尚可，但对侵财型诉讼欺诈适用是不合法理的。就是对非侵财型诉讼欺诈也不是解决问题的根本方法，原因如下：第一，因为该答复是最高人民检察院法律政策研究室的答复而非最高人民检察院的答复，下级检察院没有必须遵照执行的义务，公安机关、法院更无必须执行的理由，这样会使其执行效力大打折扣。第二，以妨害作证论处的不合理之处是，当行为人以暴力、威胁、贿买等方法阻止的对象不是证人，或证人自动作言词伪证支持诉讼欺诈行为人，或当事人本人毁灭、伪造诉讼证据且不构成伪造国家机关公文、证件等类的罪名时，就无法对行为人治罪。假如当事人指使他人伪造、毁灭证据进行诉讼欺诈时，只能追究他人帮助毁灭、伪造证据罪而不能追究当事人的责任，则违背了公平公正原则，因为主犯无罪而将帮助者入罪的惩治很不公平。事实上也有司法机关为求公平，不对当事人定罪，同时也未对他人以帮助毁灭、伪造证据罪定处的情形，即全案作无罪处理。第三，该答复将诉讼欺诈限定在民事裁判中不合理。尽管诉讼欺诈主要发生在民事诉讼中，但不排除发生在行政诉讼和刑事附带民事诉讼中及骗得仲裁裁决、公证后申请强制执行时，故诉讼欺诈不能仅限于民事诉讼。第四，按现行法律规定，如双方当事人均为诉讼欺诈行为人时，由于双方均是当事人更难以治罪。诉讼欺诈有损害诉讼对方利益或骗取诉讼对方财物的情况，也有诉讼当事人双方合伙造假案损害第三方当事人或案外人的情况。如为后者，只需双方当事人配合行为，无需以暴力、威胁、贿买等方法阻止证人作伪证或指使他人作伪证行为，就可达到行为人的目的。按刑法第307条的规定，双方当事人均不构成犯罪。而此种诉讼欺诈的社会危害性并不轻于一方当事人诉讼欺诈的情况，此种行为应当入罪。而要入罪，就只能用修改刑法增设诉讼欺诈罪的方法，才能彻底解决定性难题。

如何修改刑法解决诉讼欺诈的定性难题？学界提出修改刑法的方案主要有三种：一是增设诉讼欺诈罪（有的称为虚假诉讼罪）;[①] 二是修改帮助毁灭、伪造证据罪，将该罪的构成

---

① 张卫兵:《论诉讼欺诈之刑法调整》，载《国家检察官学院学报》2004年第5期，第48页。另见吴玉萍:《诉讼欺诈行为定性研究》，载《中国刑事法杂志》2005年第4期，第55页；袁定波:《虚假诉讼案件已明显有蔓延之势　司法实务界建议修正刑法解决对虚假诉讼制裁问题》，载《法制日报》2009年5月30日。

要件修改为能包括当事人本人在内的人也可构成，另外将伪证罪扩展到所有诉讼中；[①] 三是不增设诉讼欺诈罪，在妨害司法罪中规定当事人以非法占有为目的，妨害作证，毁灭、伪造证据骗取法院裁判或强制执行，使他人财产受损的，以诈骗罪从重处罚。目前在我国，第一种观点为通说观点。

笔者赞同增设诉讼欺诈罪，不赞同第二种和第三种观点。第二种观点的不科学之处在于：一是只增加当事人本人可以构成帮助毁灭、伪造证据罪主体这一构成要件或将伪证罪扩大到一切诉讼来规制诉讼欺诈，对单位犯罪同样难以入罪。二是不能解决行为人以暴力、威胁、贿买阻止的对象不是证人的入罪问题，如此行为人以暴力、威胁贿买等方法阻止非国家机关工作人员的鉴定、勘查等行为就无法入罪。三是对侵财型诉讼欺诈的量刑与一般妨害司法罪的量刑一样会导致量刑不合理的结果，因为伪证罪、妨害作证罪的法定最高刑只有七年有期徒刑，帮助毁灭、伪造证据罪的法定最高刑只有三年有期徒刑。侵财型诉讼欺诈除侵犯公私财产所有权外还扰乱司法秩序，社会危害大于一般的诈骗罪，其法定刑应不低于诈骗罪才合法理。如为解决侵财型诉讼欺诈而提高伪证罪，妨害作证罪，帮助毁灭、伪造证据罪的法定最高刑又会造成刑罚过重，不符合刑罚改革方向。四是罪名本身难以反映诉讼欺诈侵犯复杂客体、行为方式的特征。

第三种观点的不科学之处在于：将侵财型诉讼欺诈归入诈骗罪定处有时会有法律上的障碍，理由前面已叙明，且将其归入诈骗罪不能完全解决问题，如未遂时难入罪和无法解决单位

---

① 董玉庭：《论诉讼诈骗及其刑法评价》，载《中国法学》2004 年第 2 期，第 139 ~ 140 页。

诉讼欺诈入罪等。另外，只修改帮助毁灭、伪造证据罪又难以解决非侵财型诉讼欺诈系单位进行、证人主动作言词伪证等的定罪问题，故唯一能全部解决诉讼欺诈的定性难题的方法只有专设新罪。

第二节　增设方案

一、如何增设

同意增设新罪专门规制诉讼欺诈的学者中，对新罪如何设立也有不同观点。第一种观点是：在刑法分则妨害司法罪一节第305条伪证罪之下增设第2款、第3款。其中第2款增设“欺诈诉讼罪”的规定：“在民事、行政诉讼中，当事人虚构事实、隐瞒真相，向法院提出诉讼，意图非法占有他人财产或取得其他非法利益，非法所得数额较大或情节严重的，处三年以下有期徒刑、拘役，并处罚金。非法所得数额巨大或情节特别严重的，处三年以上七年以下有期徒刑，并处罚金”；第3款规定：“犯前款罪，非法所得数额特别巨大的，以诈骗罪定罪处罚。”① 第二种观点是：“民事诉讼中，当事人以提供虚假陈述并伪造证据或串通证人提供伪证的方法，使裁判机关作出有利于自己的裁判，从而使自己或与自己有关联的人从对方得到财物或财产性利益的行为。”② 第三种观点是：应增设“利

① 俞利平、娄永强：《关于诉讼欺诈定性的障碍及立法完善》，载《政法学刊》2004年第5期，第27页。

② 张卫兵：《论诉讼欺诈之刑法调整》，载《国家检察官学院学报》2004年第5期，第51页。

用诉讼诈骗罪”的法条，可以这样规定：“以非法占有为目的，利用诉讼诈骗，致使国家、集体、公民财产遭受重大损失的，处三年以下有期徒刑、拘役，并处或者单处罚金；情节严重的，处三年以上十年以下有期徒刑，并处罚金或者没收财产。”① 第四种观点是：“行为人以提起民事诉讼为手段，以做虚假陈述、提交虚假证据或串通他人作伪证等虚构事实、隐瞒真相的方法，通过法院判决非法占有他人财物或达到其他非法目的的行为……犯虚假诉讼罪的，处三年以下有期徒刑，并处罚金；侵占他人财物数额较大或者有其他严重情节的，处三年以上十年以下有期徒刑，并处罚金或没收财产；侵占他人财物数额特别巨大或者有其他特别严重情节的，处十年以上有期徒刑或无期徒刑，并处罚金或没收财产……本法另有规定的，依照规定。”② 第五种观点是：“可将诉讼欺诈罪作为妨害司法罪中的一个罪名，犯罪主体包括自然人和单位，规定较低的法定刑，新增罪名与诈骗罪是交叉竞合的关系，当行为人通过诉讼诈取财物数额巨大时，则定诈骗罪，适用较重的法定刑，以体现罪刑均衡的原则。”③

可以看出，前两种观点和第四种观点增设的诉讼欺诈罪无需以非法占有为目的，而第三种观点增设的诉讼欺诈仅限于侵财型诉讼欺诈。基于笔者所采用的诉讼欺诈的定义比较以上几

① 张平：《增设“利用诉讼诈骗罪”之建言》，载《国家检察官学院学报》1999 年第 4 期，第 80 页。

② 亓旭岩：《浅析诉讼欺诈行为的定性与处罚》，载《法学杂志》2009 年第 11 期，第 41 页。

③ 王子晏：《论诉讼欺诈行为的刑法规制》，载《法制与社会》2009 年第 14 期，第 119 页。

种观点，笔者认为第一种观点更为科学。第二种观点的不科学之处在于将诉讼欺诈仅限于民事诉讼和侵财型。将诉讼欺诈的被害人仅限于“对方”也不科学，其理由在本书第一章分析诉讼欺诈的定义时已论及。第三种观点未指明诉讼欺诈的主体，而诉讼欺诈是特殊主体构成的犯罪，系特殊主体构成的犯罪在法条中应明确写出。另外，将诉讼欺诈仅限于非法占有为目的的侵财型诉讼欺诈也不科学。第四种观点的不科学之处在于将诉讼欺诈仅限于民事诉讼。第五种观点似乎是对诈取了数额巨大财物的诉讼欺诈定诈骗罪，但何为巨大？较低法定刑是多少也无具体观点。第一种观点的可取之处在于：一是其不将诉讼欺诈限于民事诉讼，也不限于侵财型诉讼欺诈；二是其方案符合罪刑相适应原则，因为侵财型诉讼欺诈既构成妨害司法罪又构成诈骗罪，故将诈骗数额特别巨大的侵财型诉讼欺诈分离出来定诈骗罪以便能量更重的刑罚，符合想象竞合犯或牵连犯从一重罪定处的原理，既不会导致将诉讼欺诈罪的法定刑设置过高，也可避免将社会危害大于普通诈骗罪的诉讼欺诈按诉讼欺诈罪定罪使其量刑反而轻于同样数额的普通诈骗罪的缺陷；三是根据诉讼欺诈侵犯的主要客体是司法机关的正常诉讼活动，将其归类在刑法分则第六章第二节“妨害司法罪”一节中是正确的。但其同样也有不恰当之处：第一，即使第一种观点认为的民事诉讼可以包含通过造假等获取错误的仲裁裁决、公证文书后申请仲裁、公证文书的执行等程序，但其也漏掉了刑事附带民事诉讼。第二，在伪证罪法条下增设不科学。因为伪证罪发生在刑事诉讼中，诉讼欺诈行为发生在民事、行政、刑事附带民事诉讼中，行为方式是本人毁灭、伪造证据、阻止他人作证或指使他人作伪证等虚构事实提起诉讼，其行为方式、发生领域与妨害作证，帮助毁灭、伪造证据罪联系更为密切，故应增设在刑法第307条之下。第三，此种观点未对司法工作人员进行诉讼欺诈应如何定处提出意见，而办案司法工作人员与行为人共同勾结进行诉讼欺诈或司法工作人员利用自己熟知法院工作程序、人际关系熟悉等便利条件单独进行诉讼欺诈也时有发生，由于其主体特殊身份会具有更大的社会危害性，故应对司法工作人员犯本罪的从重处罚。第四，第一种观点忽视了单位也可构成诉讼欺诈的主体的情形，为堵塞法律漏洞，应规定单位也可以构成本罪主体。第五，自然人犯罪主体仅限于当事人不妥，因为当事人如果是无诉讼行为能力人时，将由其监护人作为法定代表人参加诉讼。此外还有单位的法定代表人为谋取个人利益在诉讼中损害本单位或他人利益的情况。故诉讼代理人、诉讼代表人等也可构成本罪。第六，其建议的罪名是“欺诈诉讼罪”，笔者认为不妥。一是因为“欺诈诉讼”从其语法含义易得出整个诉讼均是无中生有、不该进行的结论，本书第一节笔者就分析了，诉讼欺诈既包括全部欺诈也包含部分欺诈，且符合此类行为是靠作假、通过诉讼等借法院之手达到自己目的的行为逻辑；二是“诉讼欺诈”之称已为司法实务和刑法理论界所通用，一提该词不会让人产生歧义，如称其为“欺诈诉讼”反而会使人产生歧义。

二、增设的新罪归类

学界对增设的诉讼欺诈罪归在刑法分则哪一章也有争论。前述第一种观点认为应增设在刑法分则第六章“妨害司法罪”

一节中，[①] 另一种观点认为应归入刑法分则第四章“侵犯财产罪”中。[②] 两种观点差异的原因是对诉讼欺诈定义认识的不同，第一种观点的诉讼欺诈是广义的，既包含了侵财型诉讼欺诈也包含了非侵财型诉讼欺诈，认为应归入刑法分则第四章“侵犯财产罪”的观点定义的诉讼欺诈仅指侵财型诉讼欺诈，并认为非侵财型诉讼欺诈不属于诉讼欺诈。因为笔者不主张将诉讼欺诈只限于侵财型的诉讼欺诈——即使是侵财型诉讼欺诈，当数额未达到特别巨大时，其侵犯的主要客体是司法秩序而非财产所有权，理当归为妨害司法罪之中。当侵犯财产数额特别巨大时，其侵犯的主要客体由司法秩序变为了财产权，罪名定诈骗罪不再定诉讼欺诈罪——故不赞同将增设的诉讼欺诈罪放入侵犯财产罪一章中，而是赞同第一种观点将增设的罪放在刑法分则第六章的“妨害司法罪”一节中。

三、诉讼欺诈罪的法定刑配置

关于诉讼欺诈罪的法定刑配置，有人认为：诉讼欺诈导致法院作出错误判决而给诉讼相对人造成严重后果的，因其社会危害性较诈骗行为大，其法定刑不应低于普通诈骗罪；对于诉讼欺诈未造成财产损失的，因其妨害了司法公正，动摇了司法权威，其社会危害性较普通妨害作证行为严重，故其法定刑不

---

① 俞利平、娄永强：《关于诉讼欺诈定性的障碍及立法完善》，载《政法学刊》2004 年第 5 期，第 27 页。另见曾杰：《诉讼欺诈定性之探讨》，载《江西公安专科学校学报》，2004 年第 4 期，第 18 页。

② 于改之、赵慧：《诉讼诈骗行为性质之认定——武汉大学法学院刑法学专业博士研究生座谈纪要》，载《法学评论》2005 年第 1 期，第 160 页。

应低于妨害作证罪。[1] 对此笔者基本赞同，但认为对不定诈骗罪的诉讼欺诈，其法定最高刑应重于妨害作证罪；对以诈骗罪定处的，量刑应比普通诈骗罪重，其理由前文已叙。

综上所述，笔者建议在刑法第307条第2款之下增设第3款、第4款、第5款，将现有第3款作为第6款。增设的第3款规定如下："以非法占有或者以损害他人合法权益为目的，以毁灭、伪造证据，妨害作证等手段，虚构事实或者隐瞒事实真相，向法院提起诉讼或者申请强制执行，使法院作出错误裁判或者错误执行、诈骗数额较大或者情节严重的，处三年以下有期徒刑或者拘役，可以并处罚金；诈骗数额巨大或者情节特别严重的，处三年以上十年以下有期徒刑，可以并处罚金。"增设的第4款规定："以非法占有为目的诈骗财物数额特别巨大的，依照本法第二百六十六条的规定定罪从重处罚。"增设的第5款规定："单位犯第三款、第四款罪的，处一万元以上五十万元以下罚金，对其直接负责的主管人员和其他直接责任人员处三年以下有期徒刑、拘役或者单处罚金，对处自由刑的，可以并处罚金；单位犯本罪情节特别严重的，处二十万元以上一百万元以下罚金，对直接负责的主管人员或者直接责任人员处三年以上十年以下有期徒刑，可以并处罚金；单位犯本罪数额特别巨大以诈骗罪定处的，处其诈骗数额一倍以上五倍以下的罚金，对其直接负责的主管人员和其他直接责任人员处十年以上有期徒刑，可以并处罚金。"将现有第3款修改作为第6款："司法工作人员犯第一款至第四款罪的，从重处罚。"

由此看出，诉讼欺诈罪的定罪条件是诈骗数额较大或情节

---

① 郭云程：《也论诉讼欺诈及其刑事法律应对》，载《法制与经济》2009年第22期，第77页。

严重，量刑也根据其诈骗数额和情节的不同而不同。由于我国处于社会高速发展时期，国家经济发展快、变化大，何为数额较大、数额巨大、数额特别巨大不宜在刑法条文中明文规定，可由最高司法机关根据国家经济发展状况和国家刑事政策情况进行解释作出规定。但笔者认为，由于诉讼欺诈侵犯的是复杂客体，带来的损害是双重甚至是多重损害，故数额标准不宜低于诈骗罪的标准，因为在法定刑中已体现了从重，故宜与诈骗罪标准持平，但单位犯罪的标准应高于自然人的犯罪标准。根据我国刑法和司法解释规定的自然人犯罪与单位犯罪的定罪或加重刑的标准比例看，一般是1∶3至1∶5，故本罪也宜以此比例规定。非侵财型诉讼欺诈构成犯罪的标准之一是情节严重。笔者认为，所谓情节严重，指非侵财诉讼欺诈或数额未达到定罪标准的侵财型诉讼欺诈中，多次进行诉讼欺诈或对多人进行诉讼欺诈，或造成被害人重大经济损失或致被害人破产，或致被害人因自杀重伤死亡，或造成其他重大损失等。其他重大损失指非财产性损失，但损失重大，如家庭破裂、丧失职业、入狱等。所谓情节特别严重，是指造成被害人特别重大的经济损失，或诈骗数额达到较大且具有上述情节严重中规定的情节，如多次进行诉讼欺诈或对多人进行诉讼欺诈等。

第三节　诉讼欺诈罪的构成要件

按笔者主张增设的诉讼欺诈罪定义，诉讼欺诈罪的构成要件如下：

一、犯罪客体

诉讼欺诈罪的犯罪客体是司法机关的正常司法活动和司法

机关的声誉以及其他诉讼当事人或案外人的合法权益，即属于复杂客体，但其主要客体是司法机关的正常司法活动和司法机关的声誉，这也是该罪应放于“妨害司法罪”一节的理由。本罪中的被骗者是法院，行为人也是借法院之手达到自己的非法目的，但此处用“司法机关”未用法院是由于国家公权介入民事诉讼、行政诉讼及刑事附带民事诉讼的主体还有检察院，检察院作为监督法院审判活动的监督者有权介入诉讼，特别是审判监督程序，有时还是由检察院抗诉提起，行为人同样可能欺骗检察院使其进行错误监督，检察院的监督活动同样是司法机关的诉讼活动。本罪中的被害人是其他诉讼当事人、案外人。这里的“人”，既包括自然人，也包括公司、企业、事业、国家机关、团体等单位，单位被害人可以是各种所有制的单位。“其他诉讼当事人”可以是被告，也可以是有独立请求权或无独立请求权的第三人。但诉讼欺诈涉诉案的原告是否只能是犯罪主体而不能成为犯罪被害人？笔者认为非也。当原告是无民事行为能力人或原告为数人时，犯罪主体可能是原告的法定代理人、法定代表人或原告中的一人或一部分人。原告的法定代理人完全可能以诉讼欺诈来损害无民事行为能力的原告人，原告的法定代表人也可以诉讼欺诈来损害本单位或其他原告的利益，故无民事行为能力人的原告或单位原告或数名原告中的部分原告均可以成为本罪的被害人。有疑义的是原告是有民事行为能力人且只有一个原告时，原告能否成为本罪的被害人？此问题待下文分析犯罪主体时再行回答。笔者认为，所谓犯罪对象，指犯罪行为具体作用的人或物。犯罪对象有时与被害人同一，如强奸罪，但大多犯罪对象与被害人不同一，诉讼欺诈属于犯罪对象与被害人不同一的情况。本罪的犯罪对象是行为人具体作用的人或物，当其以妨害作证进行诉讼欺诈时，犯罪对象是证人或除行为人以外的其他人；当其通过毁灭、伪造证据来进行诉讼欺诈时，犯罪对象是书证、物证、视听资料等证据；当其以伪造印章、公文、证件等方式进行诉讼欺诈时，犯罪对象是印章、公文、证件等。另外，因为诉讼欺诈行为人还会作虚假陈述，希望司法人员相信自己的谎言；会提起诉讼，要求法院受理自己的案件，故犯罪对象还有法院工作人员。

二、客观要件

本罪的客观要件是以毁灭、伪造证据，妨害作证，伪造证件、公文、印章等虚构事实和隐瞒事实真相等方法，向法院提起诉讼，或提起仲裁或申请公证，得到错误的仲裁裁决或错误的公证文书后向法院申请执行，使法院作出错误裁判或错误执行的行为。本罪的行为方式只能是作为，单纯的不作为不能构成本罪。本罪行为是复数行为，一是毁灭、伪造证据，妨害作证等来虚构事实或隐瞒事实真相；二是向法院提起诉讼或申请执行。在虚构事实行为中，在毁灭、伪造证据，妨害作证，伪造证件、公文、印章行为中，可以只采取一种行为，也可以采取数种行为。

值得探究的是，本罪的毁灭、伪造证据、妨害作证与帮助毁灭、伪造证据罪，妨害作证罪中的行为的含义是否完全相同？笔者认为不必完全相同，且本罪的毁灭、伪造证据，妨害作证比后者的含义广泛得多。因为二者侵犯的客体不同，本罪侵犯的是复杂客体，行为方式重在骗，骗的方式不只有毁灭、伪造证据，妨害作证，还可能是伪造国家机关公文、证件、印章等行为。故本罪的客观行为比单纯的帮助毁灭、伪造证据罪，妨害作证罪中的行为含义广泛得多。毁灭证据既可以是将各种证据的特定载体完全从物理上消失，也可以是不毁灭证据的物质载体，只将载体上的文义信息、视听信息等删除，还可以是将其藏匿使其他人或司法机关无法发现收集。伪造证据，可以指无中生有的伪造，还可以是在真实的证据上施加影响，改变其信息或物质形态，使其证明事实发生变化的变造证据。妨害作证，指以暴力、威胁、贿买等手段阻止证人作证或指使他人作伪证，被阻止、被指使的人可以是证人、非证人，也可以是鉴定人，还可以是其他诉讼当事人或第三人。“等”指毁灭、伪造证据，妨害作证以外的行为，如虚假陈述、虚假答辩、虚假自认、违法撤诉、违法放弃诉讼请求等。虚构事实可以是完全虚构也可以是部分虚构。隐瞒事实真相，指行为人有如实提交或如实陈述的义务而不如实提交或拒绝陈述，也指将真实的证据毁灭或将知情证人隐藏或阻止其作证披露事实真相，但仅有行为人不如实提交或拒绝陈述的不作为行为不构成本罪。因为拒绝提交证据或拒绝陈述只能承担诉讼的不利后果，而不能认为其进行诉讼欺诈。伪造证据、妨害作证行为发生的时间既可以是开始于提起诉讼前延续至诉讼过程中，也可以是在提起诉讼以后，还可以是在仲裁、公证程序中进行，但虚假陈述等虚构事实、隐瞒事实真相行为发生的时间则必须在诉讼中或执行程序中。使法院作出错误裁判或错误执行是本罪的犯罪结果或行为人的主观追求，并非本罪的客观行为要件。裁判是广义的，既包括判决也包括裁定，还包括法院同意撤诉、同意和解等决定。向法院提起诉讼或执行包括行为人申请检察院向法院提起抗诉等。

三、犯罪主体

本罪的主体是特殊主体，即原告、有独立请求权的第三人、申请执行仲裁人、申请执行有强制执行效力的公证的人、反诉人或其法定诉讼代理人、诉讼代理人、诉讼代表人。自然人、单位均可构成本罪的主体，如果是单个人犯罪，则只能由原告方人员或有独立请求权的第三人、反诉人或其法定代理人或代表人才能构成。因为诉讼欺诈的实行行为以提起诉讼或申请执行错误的仲裁、公证书为要件，故被告方人员或无独立请求权的第三人不能独立构成本罪主体。在共同犯罪时，被告方、无独立请求权的第三人及其诉讼代理人、法定代表人和司法机关工作人员、证人、鉴定人、翻译人员等均可以构成本罪的共犯。

原告，指以自己名义提起民事、行政诉讼或刑事附带民事诉讼的当事人。

有独立请求权的第三人，指在民事诉讼中，对他人之间的诉讼标的具有独立请求权，因而参加到诉讼中的人；无独立请求权的第三人，是指在民事诉讼中，虽然对他人之间的诉讼标的不具有独立请求权，但因案件处理结果同他有法律上的利害关系而参加到诉讼中的人。行政诉讼也有第三人，但行政诉讼第三人没有有独立请求权第三人与无独立请求权第三人之分，故行政诉讼的第三人指同提起诉讼的具体行政行为有利害关系、申请参加诉讼，或者由人民法院通知参加诉讼的人。

申请执行仲裁人，指向法院申请执行仲裁裁决的人，前已论述。只通过欺诈方法获取仲裁裁决不申请强制执行的行为，由于社会危害程度小也不会妨害司法秩序，不宜以犯罪论处；但其申请执行、意图通过法院来达到其不法目的时，会妨害司法秩序，社会危害增大，应纳入犯罪圈。

申请执行公证文书人，指向法院申请强制执行、有强制执行效力的公证书的权利人，这类人妨害作证、伪造证据是在公证时或提起公证前就进行了。骗得公证机关出具有强制执行效力的公证书后，如其不申请强制执行不构成犯罪；如其申请强制执行，并继续虚构事实、隐瞒事实真相骗得法院强制执行的，则构成本罪。

反诉人，指在已经开始的诉讼活动中，被告向原告提出的、目的在于抵消或吞并原告的诉讼请求的反请求。依照我国法律的规定，行政诉讼是不能提起反诉的，故诉讼欺诈的反诉人仅指民事诉讼中提起反诉的被告。

以上原告、提起反诉的被告、有独立请求权的第三人均可以单独构成诉讼欺诈罪的主体。依照我国民事诉讼法、行政诉讼法的规定，当事人的法定代理人均可以成为法定诉讼代理人，故原告、提起反诉的被告、有独立请求权的第三人的法定诉讼代理人可以独立构成诉讼欺诈的主体。同时原告、提起反诉的被告、有独立请求权的第三人的诉讼代表人也可独立构成诉讼欺诈的主体。

法定代理人，指依照法律规定而直接取得代理权的人，我国民法通则第 14 条规定："无民事行为能力人、限制民事行为能力人的监护人是他的法定代理人。"此外，我国劳动法规定，工会可以代理其会员签订集体劳务合同，参加有关劳动争议诉讼，即工会可以成为其会员的法定代理人。故法定代理关系是由法律基于代理人与被代理人之间存在的血缘关系、婚姻关系、组织关系等而成立的。当被代理人取得或恢复民事行为能力，或代理人与被代理人之间的亲属关系、监护关系等已经不存在时，法定代理人的代理权即告终止。

法定代表人，是指依法代表法人行使民事权利，履行民事义务的主要负责人，如工厂的厂长、公司的董事长等。《中华人民共和国民事诉讼法》第49条规定：法人由其法定代表人进行诉讼；其他组织由其主要负责人进行诉讼。法定代表人有权直接代表本单位向人民法院起诉和应诉，其所进行的诉讼行为，就是本单位（或法人）的诉讼行为，直接对本单位（或法人）发生法律效力。法定代表人与法人的代表是有一定区别的，法人的代表的行为不是被代表人本身的行为，只是对被代理人发生直接的法律效力；而法定代表人的行为，就是企业、事业单位等本身的行为。近年来法定代表人与他人勾结进行诉讼欺诈，损害其所在单位利益或其他人利益之事常有发生，故原告，有独立请求权的第三人，申请执行仲裁书、发布有强制执行效力的公证书的人，反诉人的法定代表人可以单独构成本罪主体。

值得探讨的是，当原告具有诉讼行为能力时，原告的诉讼代理人能否单独构成本罪？笔者认为，由于我国民事诉讼中除离婚案件外，其他民事诉讼活动，行政诉讼、刑事附带民事诉讼活动均可以由诉讼代理人全权代理，诉讼代理人完全可以凭借其代理权进行诉讼欺诈损害委托人或其他人利益达到自己的个人目的，故原告，有独立请求权的第三人，反诉人，申请执行仲裁书、发布有强制执行效力的公证书的人、反诉人的诉讼代理人也可单独构成本罪。因此不管是原告，有独立请求权的第三人，反诉人，申请执行仲裁书、发布有强制执行效力的公证书的人是否有诉讼行为能力，其诉讼代理人均可单独构成诉讼欺诈罪的主体。

诉讼代理人，指以当事人的名义，在一定权限范围内，为当事人的利益进行诉讼活动的人。因代理权的不同可分为法定诉讼代理人和委托诉讼代理人。由于前文已将法定诉讼代理人作为单独一类主体，故此处的诉讼代理人仅指受原告、有独立请求权的第三人、申请执行人、反诉人的法定代理人、法定代表人委托而参加诉讼的人。

按我国民事诉讼法的规定，在群体性诉讼中，当事人众多时，可以推选出代表进行诉讼。故原告、有独立请求权的第三人、反诉人推选的诉讼代表人也可单独构成诉讼欺诈罪的主体。

综上所述，诉讼欺诈必须由原告方的人构成，非原告方人员不能单独构成诉讼欺诈罪，但可以与原告方人员构成共犯。只要是原告方的人员，不管是原告本人还是其法定代理人、法定代表人、委托诉讼代理人，均可单独构成本罪主体。当原告本人单独构成本罪时，主体可以是自然人也可以是单位，但系原告的法定代理人、法定代表人、委托诉讼代理人单独构成本罪时，因上述几类人只能是自然人不可能是单位，故此时本罪的主体只能是自然人，不可能是单位。

四、主观要件

本罪主观上是直接故意犯罪，行为人明知自己在进行造假行为欺骗司法机关，明知自己的行为会导致法院的错误裁判、决定、执行，或会导致检察院错误抗诉，会损害他人合法权益，仍希望法院作出错误裁判、决定、执行或希望检察院提出错误抗诉。行为人或者以非法占有为目的，或者以损害他人合法权益为目的，或为获取其他财产性利益或非财产利益为目的。非法占有目的，是指希望借法院之手非法占有公私财物；损害他人合法权益目的，指行为人的目的是损人不利己。他人的合法权益可以是财产权或财产性质的权益。损人不利己的情况如：自己尽管得不到但会让他人失去商标权、专利权，商业秘密受到侵犯；损害他人名誉权，商业信誉、商品声誉权等方面权益。所谓财产性利益，指不是直接的财产权但能为权益人带来财产利益的权益，如商标权、专利权、商业秘密权、著作权等。非财产利益，指不能以财产计算但能给行为人带来好处的利益，如脱离夫妻关系、收养关系，得到监护权等。

诉讼欺诈的行为人主观均具有特定不法目的，故诉讼欺诈罪不可能由间接故意构成。

第六章　诉讼欺诈罪的犯罪形态

下文论述均是在笔者建议增设的诉讼欺诈罪基础上所进行的探讨。

第一节　犯罪完成和未完成形态的一般理论

过失犯罪、间接故意犯罪只有构成犯罪与不构成犯罪之区别，如构成犯罪就是犯罪既遂，无未完成形态。直接故意犯罪绝大多数有完成形态也有未完成形态，根据行为人停止犯罪点和停止犯罪的原因的不同分犯罪既遂、犯罪预备、犯罪未遂、犯罪中止。我国刑法理论通说认为行为人行为齐备具体罪的全部构成要件即为犯罪既遂。为了犯罪准备工具、制造条件，在着手以前因行为人意志以外的原因停止的是犯罪预备。着手以后、既遂以前因行为人意志以外的原因而停止的是犯罪未遂。开始预备行为以后既遂以前行为人自动中止犯罪的是犯罪中止。

判断各种犯罪形态的关键是犯罪着手和既遂标准的认定。将犯罪思想付诸实施以后着手以前属于预备；着手以后既遂以前由于意志以外的原因未完成犯罪是未遂；开始预备以后、既遂以前自动中止犯罪是犯罪中止。只要分清了何为着手、何为既遂，其余就只有分清是行为人自动停止犯罪还是由于意志以外原因而停止犯罪的问题了。

关于着手标准的认定的理论观点如下：

1．主观说。即行为人的犯罪意思表露无二时为着手。[①]主观说主要为英美刑法主观主义所采。主观说认为，行为人实施的行为主要意义在于表明了行为人否定、蔑视法律秩序的危险性和犯罪倾向，刑法更多关注的是行为所表现出来的行为人主观上的危险性，而不是实际造成的危害结果。主观主义视野中的未遂成立标准理论主要有犯意确证说和第一行为说。

2．客观说。客观说中，按是否以实施一部分符合犯罪构成要件的行为作为唯一标准，还是除此之外还要看此行为是否对刑法保护法益造成现实危险，可分为形式的客观说和实质的客观说。形式的客观说认为，实施一部分符合犯罪构成要件的行为时为着手，不管此行为是否会对法益造成现实威胁；实质的客观说认为，只开始实施符合犯罪构成要件的客观行为还不够，只有该行为对刑法所保护的法益具有现实危险性时才算着手。实质的客观说为以张明楷、黎宏教授为代表的学者所主张。[②] 我国通说认为，开始实施刑法分则规定的某一犯罪构成客观要件的行为为着手，属于形式的客观说。

笔者认为，形式的客观说不如实质的客观说合理，在用于指导个别复数行为犯罪，且该罪的复数行为通常有较长时间间隔时，其不合理更为明显。例如，刑法第 198 条规定的保险诈

---

① 钱叶六著：《犯罪实行行为着手研究》，中国人民公安大学出版社 2009 年版，第 144 页。

② 钱叶六著：《犯罪实行行为着手研究》，中国人民公安大学出版社 2009 年版，第 158 页。

骗罪，行为人开始实施故意造成保险事故、故意虚构保险标的、对发生的保险事故编造虚假的原因或夸大损失程度时就属于开始实施了该罪客观构成要件的行为，但只要其还未向保险公司提出理赔申请就不会威胁保险机构的财产所有权，故许多人主张只有在行为人提出理赔申请时才算保险诈骗罪的着手。但抢劫，强奸，强制猥亵、侮辱妇女罪的复数行为是先后相连无时间间隔的，故在行为人实施暴力或以暴力相威胁时就已使刑法所保护的该罪的客体造成了损害或面临现实的威胁，其实施第一个行为时就为着手。笔者对此深表赞同。

我国通说认为，既遂的标准是齐备该罪的构成要件。而是否齐备该罪的构成要件，按刑法的规定有行为犯的既遂、结果犯的既遂、危险犯的既遂、举动犯的既遂几种情况，根据犯罪属于何种犯的既遂而有所不同，对直接故意犯罪的既遂标准要具体犯罪具体分析。

第二节 诉讼欺诈罪的着手、预备

按我国刑法第 22 条的规定，为了犯罪，准备工具、制造条件的，是犯罪预备。从理论上分析，要构成诉讼欺诈罪的犯罪预备必须符合以下三个条件：一是行为人为了进行诉讼欺诈而准备工具、制造条件，即已将犯罪的思想付诸行动；二是还未进入诉讼欺诈的着手；三是未进入着手是因为行为人意志以外的原因而非行为人意志的原因。是意志以内还是意志以外原因对于诉讼欺诈并无特殊之处，但对于何为诉讼欺诈的着手却极具争议。解决了“着手”问题，则何为诉讼欺诈的预备就容易认定了。

一、关于诉讼欺诈罪的着手

按我国刑法理论通说，开始实施具体罪客观要件的行为为着手。由于现行刑法还未规定诉讼欺诈罪，故对于何为诉讼欺诈罪的着手的探讨罕见。日本学者对诉讼欺诈的着手基本已达成共识，认为“提起诉讼之时”是着手，如牧野英一指出：“如欺罔裁判所使为误判，而基其判决以为执行者，于斯之际当以诉讼提起，为欺罔取财之着手也。”①

我国有学者认为，认定诉讼欺诈罪的着手应注意下述三个方面的问题：一是需提出虚假的证据并提起诈财诉讼时方能视为是诉讼诈骗的着手；二是作为诉讼诈骗手段而出示的伪证，应当具有令法院发生错误认定的自然属性并对判决的作出具有关键性重要意义，不致影响法院作出错误判决的也不应视为是着手；三是诉讼欺诈需以积极的作为方式表现出来，行为人在诉讼过程中拒绝出示对已不利的证据或要求证人不出庭作证等不作为行为，一般不应认为是着手。②

按照笔者建议的诉讼欺诈罪定义，其着手标准符合形式的客观说，为进行诉讼欺诈在诉前或申请执行前进行毁灭、伪造证据，妨害作证，伪造公司、企业、事业、人民团体印章等就属于诉讼欺诈罪的着手实行行为。但前面笔者就已论述，笔者更赞同实质的客观说，即着手行为除了是开始实施该罪的客观要件行为以外，还要该行为有造成该罪客体损害的现实危险才

---

① ［日］牧野英一著：《日本刑法通义》，陈承泽译，中国政法大学出版社 2003 年版，第 227 页。

② 李伟、刘为波：《诉讼诈骗行为的司法定性及相关问题研究》，载《法律适用》2004 年第 8 期，第 47 页。

能构成。诉讼欺诈罪归类为侵犯司法秩序的犯罪，其主要客体是司法秩序而非公私财产权利，故分析其着手也要看其行为是否已对司法秩序造成了现实危险。诉讼欺诈人若已起诉或已申请执行，就对司法机关的正常活动造成了现实危险，故应以行为人提起起诉或申请执行行为作为诉讼欺诈的着手点。不能以妨害作证、伪造证据等行为的实施点作为着手点。因为诉讼欺诈罪行为人伪造证据、威胁证人等行为可以发生在起诉以前也可以发生在起诉以后，伪造证据、威胁证人与提起诉讼的间隔时间可能较长，如果行为人是在提出起诉前实施伪造证据、威胁证人等行为的，对司法机关正常活动不会造成现实的威胁，不属于着手。如起诉或申请强制执行以后才实施伪造证据、威胁证人等行为的，将伪造证据、威胁证人视为着手显然不妥。依此衡量前述两种观点，日本学者对诉讼欺诈着手的观点是正确的。笔者不同意我国学者所述观点中的第二点，因为既然已经向法院出示了伪证当然就是在起诉以后了，其出示的伪证即使不致影响法院作出错误判决的也是着手，如已经让法院相信作出了错误的裁判或决定，便是既遂而非着手了。

行为人起诉以前的伪造证据、威胁证人等行为均为诉讼欺诈的预备行为。但其预备行为本身又可能触犯其他罪，属于其他罪的实行行为，如伪造公文、证件、印章，指使他人作伪证、对证人实施暴力等行为本身已构成了伪造、变造国家机关公文、证件、印章罪，伪造公司、企业、事业单位、人民团体印章罪，妨害作证罪等，由于是为进行诉讼欺诈而准备工具、制造条件的行为，属于诉讼欺诈罪的预备行为，同时又属于伪造、变造国家机关公文、证件、印章罪，伪造公司、企业、事业单位、人民团体印章罪，妨害作证罪的实行行为，本属想象竞合犯，应从一重罪定处，但由于诉讼欺诈罪的基本罪与上述罪的基本罪的主刑的法定最高刑相同，既遂的定处比犯罪预备要重，故应以伪造类或妨害司法罪定处。

侵财型诉讼欺诈中，如果诈骗数额特别巨大的以诈骗罪定处，那么以诈骗罪定处时的着手标准与一般的诈骗罪着手标准有无不同？诈骗罪是复数行为，包括虚构事实、隐瞒事实真相和接受财物、获取财物的行为。严格说来，诉讼欺诈行为人实施伪造证据、指使他人作伪证等行为就是在实施虚构事实的行为，但由于未起诉或未申请执行，其虚构事实、隐瞒事实真相的行为就未被被骗者感知，当然无受骗而处分交付财产的可能，即行为还不会对公私财产权形成现实威胁，故其着手点也是提出诉讼或申请强制执行。表面看普通诈骗罪与诉讼欺诈罪的着手点似乎不同，但实则相同，即其着手点均是让被骗人感知行骗人虚构事实或隐瞒事实真相之时。诉讼欺诈以诈骗罪定处的，处分或交付财产者是法院，只有行为人提起了诉讼或申请了强制执行才会让法院感知其虚构事实或隐瞒事实真相之行为，故其着手点同样是提起了诉讼或申请了强制执行时。

综上所述，诉讼欺诈罪的着手行为一般是提起诉讼。如为通过骗取错误的仲裁、公证后申请强制执行则为申请强制执行行为，在这之前的行为均为预备行为。

二、诉讼欺诈的预备行为本身未构成他罪时是否具有可罚性

我国刑法尽管在总则规定了以处罚预备为原则，但从理论上讲，刑法此规定与世界刑法立法规律不符。世界各国刑法大多以处罚预备为例外，在总则中并不规定犯罪预备概念和处罚原则，而是在分则中，在需要处罚犯罪预备的罪名中规定犯罪预备的定义和刑罚。这种立法模式是合理的，因为犯罪预备离

实际侵害法益还较远，只威胁到刑法所保护的法益，且此种威胁不具有现实性，刑罚是遏制犯罪迫不得已才使用的最后手段，故大多犯罪预备没必要动用刑罚制裁，宜非犯罪化。我国以处罚犯罪预备为原则属于重刑主义的表现。从司法实务角度看，真正处罚犯罪预备的案例很少见，已有的案例也是故意杀人罪、放火罪、爆炸罪、抢劫罪等严重犯罪，这种现象主要是宽严相济刑事政策的价值取向使然，也有犯罪预备行为人主观故意的意图未充分显现、证据难达充分确实程度的原因。而且我国司法执行也是只对严重犯罪处罚预备行为，一般犯罪特别是轻罪更是不处罚预备行为的，如 1998 年《最高人民法院关于审理盗窃案件具体应用法律若干问题的解释》第 1 条规定："盗窃未遂，情节严重，如以数额巨大的财物或者国家珍贵文物等为盗窃目标的，应当定罪处罚。" 2011 年《最高人民法院、最高人民检察院关于办理诈骗刑事案件具体应用法律若干问题的解释》第 5 条规定："诈骗未遂，以数额巨大的财物为诈骗目标的，或者具有其他严重情节的，应当定罪处罚。"上述两个司法解释均规定，盗窃、诈骗未遂的，除以数额巨大的财物为作案目标的、或者具有其他严重情节以外的不定罪，连一般的未遂都不定罪，犯罪预备更不定罪了。对故意伤害罪的执行也如此。一般的诉讼欺诈犯罪不属于严重危害社会治安或社会秩序的犯罪，没必要处罚其预备行为，除非其预备行为本身就属于另外犯罪的实行行为，当诉讼欺诈的预备行为未构成其他罪时，笔者认为应不构成犯罪。故为进行诉讼欺诈伪造证据、妨害作证骗取仲裁裁决、公证文书、只有书写编造虚假事实的起诉书等，只要未起诉或未向法院申请执行均不构成犯罪。

也就是说在司法实务中，不存在诉讼欺诈罪的犯罪预备。

第三节　诉讼欺诈罪的既遂标准

一、犯罪既遂的标准

我国刑法理论界对犯罪既遂标准有主观说、客观说、犯罪构成要件齐备说、结果说等多种观点，犯罪构成要件齐备说为通说观点。笔者赞同通说观点。但何为犯罪构成要件齐备也要研究，如强奸罪，从刑法法条的规定看不出强奸妇女与奸淫幼女犯罪在构成要件齐备上有什么区别，但我国刑法理论和司法实践均认为，如犯罪对象是妇女，则要双方生殖器官结合才为既遂；如为幼女，则只要双方生殖器官接触就为既遂。之所以犯罪对象是妇女还是幼女的既遂认定标准有差异，当然有生理特征原因，但主要是因为二者侵犯客体不同。前者的犯罪客体是性的不可侵犯权利，故只有实际实施了性行为，妇女的性权利才受到实际侵害；后者的犯罪客体是身心健康权，故后者不要求已实际实施了性行为。犯罪构成要件是否齐备要结合刑法所保护的犯罪客体认定，犯罪客体已受到实际侵害是犯罪构成要件齐备的实质要件。行为犯的既遂标志是行为实施完毕，结果犯的既遂标志是法定结果已经发生，危险犯的既遂标志是造成实害损害的危险状况已出现，举动犯的既遂标志是已进入着手，以上是理论上说明犯罪客体受到侵害的形式标志。故判断犯罪是否既遂，其实质标准是看该罪的犯罪客体是否已实际受到侵害，其形式标准是先确定其属于行为犯、结果犯、危险犯还是举动犯的既遂，再予以分别认定。对属于复杂客体的犯罪，刑法保护的数个客体均实际受到侵犯固然是既遂，但只有部分客体受到侵犯并非就不是既遂，要看该罪的主要客体是否已受到侵害，如主要客体已受到实际侵犯，也属于犯罪既遂。对于侵犯财产所有权的犯罪，其既遂标准是被害人失控、行为人控制、抑或是失控加控制，学界一直争论不休，但最低限度也要求被害人对财物失控才为既遂，因为只有被害人实际丧失对自己财产的控制才可以说公私财产权受到了实际侵犯。例如，破坏司法秩序罪，则要正常的司法秩序受到扰乱，司法机关声誉、权威受到损害或降低才为既遂。以此分析诉讼欺诈罪的既遂标准就显得清晰了。

二、诉讼欺诈罪的既遂标准

有人认为，取得胜诉的生效判决并不意味着诉讼欺诈罪既遂，取得被害人交付的财物或强制执行的财物为既遂；在免除债务的诉讼欺诈中，取得一审胜诉裁判为既遂。① 笔者对此不赞同，因为诉讼欺诈不只限于侵财型诉讼欺诈，而且诉讼欺诈不以诈骗罪定处时，其犯罪主要客体是正常的司法秩序而非公私财产权利，故不能以财产权利是否实际受到侵害作为其既遂标准，只能以司法秩序已受到实际侵害作为其既遂标准。

如果正在诉讼裁判还未作出，进入了对仲裁裁决、公证文书的强制执行程序但是并未强制执行，被害人还希望法院会查明事实、相信法院会公正处理，此时很难说司法秩序已受到破坏或法院的权威受到损害。只有法院已作出了错误判决、裁定或已强制执行，司法秩序才受到扰乱、法院的权威才受到损害，故诉讼欺诈罪是结果犯而不是行为犯。诉讼欺诈罪的结果

① 李伟、刘为波：《诉讼诈骗行为的司法定性及相关问题研究》，载《法律适用》2004 年第 8 期，第 47 页。

是行为人的诉讼已胜诉（不一定生效），或已开始执行仲裁裁决或具有执行效力的公证书（不一定执行完毕）。

诉讼欺诈包括各方当事人串通损害案外人利益的诉讼欺诈，原告方人员与其他当事人的诉讼代理人、法定代表人串通进行的诉讼欺诈和原告一方进行的诉讼欺诈。如果是有串通的诉讼欺诈就可能是调解结案；如果是后者，因其会损害对方当事人利益，只可能是判决结案。还有伪造证据等提起仲裁或公证后申请法院强制执行的诉讼欺诈。不同情况的结果发生时间不同，如果是诉讼调解结案，则结果发生时间是调解协议达成之时，不一定要法院送达了调解书；如果是判决的，则结果发生时间是宣判之时。法院的裁判有口头宣判后五天内送达判决书和宣判后当即发送判决书两种情况，不管哪种宣判均属于本罪的既遂结果出现。如系伪造证据等提起仲裁、公证后申请法院强制执行的诉讼欺诈，既遂标准是法院已开始强制执行，一般以法院发出强制执行通知书为既遂标志。不能将本罪既遂理解为行为人行为已实施完毕，即理解为行为犯，因为行为人行为尽管已实施完毕，但被法院识破，法院并未作出错误裁判，司法机关的正常诉讼活动只受到损害威胁而非现实损害，属于行为人意志以外的原因，是犯罪未遂。

因为诉讼欺诈罪侵犯的是复杂客体，故当行为人利用诉讼欺诈非法占有对方或案外人的巨额财产时，其主要客体就是公私财产权利而非司法秩序了，行为既触犯诉讼欺诈罪又触犯诈骗罪，属于想象竞合犯，从一重罪定诈骗罪。既然以诈骗罪定处，其既遂的标准就应按侵财型犯罪的既遂标准认定。

侵财型案件的既遂标准在我国有争议，有行为人控制说、被害人失控说、失控与控制相结合说等。从理论上说，被害人失控说更科学，因为行为人行为已完成，被害人财产所有权已受到实然侵害，法定的构成要件也已全部齐备。我国刑法对这些罪并没有“获取”财物的词语，故认为行为人控制财物为既遂标准既无法律依据也不合法理。从应然角度，按诈骗罪定处的诉讼欺诈，以被害人已经因为行为人的欺诈行为失去了对自己财产的控制为既遂标准，行为人是否已获得了被害人的财产不是既遂标准。但从实然角度，最高人民法院2003年印发了《全国法院审理经济犯罪案件工作座谈会纪要》，其规定贪污罪既遂标准是行为人控制财物。贪污罪入罪标准本就比其他侵财型犯罪入罪标准要宽松得多，再在既遂标准上对贪污罪宽松，对其他侵财犯罪不公正。为追求法律的公平公正，在上述司法解释失效前，非贪污罪的侵财型案件也应采用行为人控制说，以缩小不公平的鸿沟，故以诈骗罪定处的诉讼欺诈的既遂标准是行为人已控制了财物。尽管是侵财型诉讼欺诈，只要不定诈骗罪而定诉讼欺诈罪，其既遂的标准就是骗得法院作出错误裁判或法院已开始错误执行，行为人还未获得被害人财产或被害人财产未失控的也是既遂。

综上所述，诉讼欺诈罪既遂标准是骗得法院作出错误裁判（宣判）或发出强制执行通知书之时。行为人已骗得非法利益或已造成他人利益的受损不是既遂标准，但可作为量刑情节考虑。以诈骗罪定处的诉讼欺诈应然的既遂标准是被害人丧失对财物的控制，实然的既遂标准是行为人已控制财物。

第七章　诉讼欺诈罪的一罪、数罪、共同犯罪

诉讼欺诈罪系复数行为，又与诈骗罪，妨害作证罪，帮助毁灭、伪造证据罪，伪造公司、企业、事业单位、人民团体印章罪等行为联系紧密，常常你中有我、我中有你。那么行为人行为同时触犯数罪时应定一罪还是数罪？2010 年浙江省高级人民法院、浙江省人民检察院《关于办理虚假诉讼刑事案件具体适用法律的指导意见》第 9 条规定："行为人实施虚假诉讼犯罪活动，同时触犯两个或者两个以上罪名的，依法实行数罪并罚或者按处罚较重的罪名定罪处罚。"但何时数罪并罚、何时从一重罪定处不得而知，同样需要研究。如果属于法条竞合犯，从一重罪定处是不妥当的；如果属于法条竞合犯或想象竞合犯，数罪并罚也是错误的。按我国刑法罪数理论通说，如果属于想象竞合犯、法条竞合犯或转化犯、结果加重犯等，则为本质一罪、形式上数罪，属于绝对一罪，只能定一罪。但各种实质一罪处断的原则不同，想象竞合犯是从一重罪定处；法条竞合犯则为法律有规定依照规定，无规定的一般是特别法优先适用；结果加重犯不涉及定性；转化犯则定重结果所涉罪名。如为牵连犯、吸收犯等，其本质上属于数罪，只是通常按一罪定处，定处原则是：除刑法或司法解释有明确定处规定

外，通常从一重罪定处，只有定一罪明显违背罪刑相适应原则时可定数罪；只有数行为触犯数罪名、又不属于实质一罪或处断一罪时才应当数罪并罚。笔者下文按刑法罪数理论通说来研究诉讼欺诈的一罪与数罪。

第一节　诉讼欺诈的想象竞合犯与法条竞合犯

一、诉讼欺诈的想象竞合犯

对何为想象竞合犯，理论上还存在争议。第一种观点认为，指行为人基于一个罪过，实施一个危害行为，触犯数个罪名的犯罪形态；① 第二种观点认为，指行为人出于一个故意或过失，实施了一个犯罪行为而触犯了数个罪名，而其中任何一个罪名都不能单独完全包容这一犯罪行为的情况；② 第三种观点认为，是指在一个或数个罪过支配下实施一行为触犯异种罪名的情况。③ 第二种观点之所以附加了“其中任何一个罪名都不能单独完全包容这一犯罪行为”，主要目的是想与法条竞合犯相区别。笔者基本赞同第二种观点。第一种观点将想象竞合犯限定在一个罪过的情况，将数罪过一行为触犯了数罪名的情况排除在外是不科学的。第三种观点未排除两个罪名之间具有包容关系，不易与法条竞合犯相区别。但第二种观点认为想象

---

① 陈兴良主编：《刑法学》，复旦大学出版社 2009 年版，第 231 页。

② 陈忠林主编：《刑法学》，法律出版社 2006 年版，第 261 页。

③ 林亚刚：《论想象竞合犯的若干问题》，载《法律科学：西北政法学院学报》2004 年 1 期，第 31 页。

竞合犯只能是一个故意、一个过失的罪过，笔者认为不科学。想象竞合犯行为人主观罪过可以是一个故意与一个过失，也可以是一个直接故意与一个间接故意的结合，后者如行为人以非法占有为目的盗剪正在使用中的电线，造成大范围停电事故，经济损失达数十万元，电线价值本身已达盗窃罪标准，其行为既触犯了盗窃罪（直接故意）又触犯了破坏电力设备罪（间接故意），此时就应从一重罪定处。其主观罪过还可以是行为人有两个直接故意，如上述案件行为人既希望造成大面积停电事故危害公共安全，又希望非法占有电线而盗剪电线。想象竞合犯的本质是只实施了一个行为触犯异种数罪，数罪之间无法条竞合关系存在。故笔者认为，想象竞合犯是指：行为人在一个故意和一个过失或数个故意支配下实施了一行为，构成了数罪，但数罪之间无法条竞合关系的情况。

诉讼欺诈罪属于想象竞合犯的情况有：第一，司法机关的工作人员与诉讼欺诈的实施人达成诉讼欺诈的共同故意，勾结作案。由司法机关工作人员利用职权帮助他人进行诉讼欺诈的，司法机关工作人员既构成诉讼欺诈罪，又构成渎职类罪。第二，行为人虚构事实本身既损害他人商业信誉或商品声誉，同时又以此进行诉讼欺诈的，行为既构成损害商业信誉、商品声誉罪又构成诉讼欺诈罪；或其指使他人作伪证、伪造证据等，其行为本身既触犯了妨害作证罪、帮助伪造证据罪，又触犯了损害商业信誉、商品声誉罪等。第三，行为人以伪造、变造、买卖国家机关公文方式来伪造证据进行诉讼欺诈的，行为人既构成伪造、变造、买卖国家机关公文罪，又构成帮助伪造证据罪。第四，行为人是被害人所在单位工作人员，利用职务之便进行诉讼欺诈侵吞本单位财物的，既构成职务侵占罪或贪污罪，又构成诉讼欺诈罪。以上情况均构成想象竞合犯，应按想象竞合犯的定处原则，从一重罪定处。诉讼欺诈中只要行为人只有一行为，不管其主观罪过有几个或触犯了几个罪名，如数个罪名之间无法条竞合关系均为想象竞合犯，是想象竞合犯就绝对不能定数罪，只能从一重罪定处。

一行为还是数行为的判定，按我国刑法通说观点来看，行为是指在罪过支配下的身体动静，在一个罪过支配下实施了符合刑法分则一个罪的客观要件行为的为一个行为，在数个罪过支配下实施了符合刑法分则数个罪的客观要件行为的为数个行为，行为个数的认定要坚持主客观相统一原则，以刑法分则规定的犯罪构成要件为标准。刑法行为与自然行为有联系也有区别，数个自然行为可能只是一个刑法行为，但一个刑法行为至少有一个自然行为。判断是一行为还是数行为有以下几个标准：一是看行为人主观罪过的个数；二是看其客观上行为的个数；三是看符合刑法分则具体罪构成要件的个数，实际上是看实行行为的个数，数个罪过支配下有数个罪的实行行为则为数行为。

按笔者建议的诉讼欺诈罪的法律规定，其客观实行行为是实施了毁灭、伪造证据，妨害作证等来虚构事实或隐瞒事实真相，向法院提起诉讼或申请强制执行，故行为人尽管实施了毁灭、伪造证据，妨害作证，向法院提起诉讼或申请强制执行，表面上看是数行为，但由于已规定为诉讼欺诈罪的客观行为，其仍是一行为而非数行为。而行为人如果伪造公司、企业、事业单位、人民团体印章、公文等又指使他人作伪证来进行诉讼欺诈的，则属于数行为而非一行为，此时不能认为是想象竞合犯。

二、诉讼欺诈中的法条竞合犯

法条竞合犯也称法规竞合犯。我国刑法理论界对之有不同的定义，按通说观点是指因为法律的错综规定，使数个法条规定的犯罪构成在内容上有从属关系或交叉关系，一个犯罪行为会同时触犯这几个法条所规定的罪名，但只能选择一个法条适用定罪处罚的情况。

法条竞合的两个罪的法条之间有的具有从属关系，也称两个法条之间具有包容关系。这是指一个法条规定的犯罪构成要件的全部内容，是另一个法条规定的犯罪构成要件的一部分，如盗窃枪支、弹药、爆炸物罪，盗伐林木罪与盗窃罪之间，枪支、弹药、爆炸物、林木是普通盗窃罪财物中的特殊财物，属于特殊的盗窃罪，被包容在盗窃罪中。被包容的法条称为特别法，包容的法条称为普通法。盗窃枪支、弹药、爆炸物罪及盗伐林木罪法条是特别法，盗窃罪法条是普通法。

法条竞合中有的属于交叉竞合的关系。所谓交叉竞合关系，是指数个法条规定的犯罪的构成要件相互之间有一部分重合，体现出你中有我、我中有你的情形。

想象竞合犯与法条竞合犯的相同点是行为人均只实施了一个行为，均同时触犯了数个异种罪名，均属于本质的一罪，均只应定一罪。二者的区别如下：

一是竞合的原因不同。前者是静态竞合（从法条规定本身就存在竞合，即两个罪的法条之间有包容或交叉竞合关系存在），不管是否有犯罪事实发生，法条之间的竞合关系就已存在，竞合的原因是法律的规定；而后者只有发生了两个以上罪的危害结果才会出现竞合（动态竞合），竞合的原因是一行为造成了数个罪的结果。例如，盗窃枪支罪与盗窃罪，枪支也是他人享有财产所有权的财物，只不过是一种具有特定意义的财物而已，行为人明知是枪支而盗窃的同时构成盗窃枪支罪和盗窃罪，不管盗窃枪支的犯罪事实是否发生，盗窃枪支罪与盗窃罪之间的竞合关系就已存在。故二罪属于有包容竞合关系的法条竞合犯而非想象竞合犯。但行为人以杀人故意对准站在人多处的仇人开了一枪，除打死仇人外还打将站在仇人身后的一人打成重伤，就触犯了故意杀人罪和过失致人重伤罪。如未发生致仇人身后之人重伤的结果就不会发生竞合，因为从刑法规定的故意杀人罪与过失致人重伤罪本身是看不出有竞合的关系的。

二是二者定处的原则不同。想象竞合犯只能从一重罪定处；而法条竞合犯则是法律有规定时依照规定定处，无规定时对包容竞合犯一般是特别法优先适用，只有明显做不到罪刑相适应时，才可重法优先适用（立特别法目的为缩小犯罪圈的除外）。对交叉竞合的法条竞合犯，除刑法有特别规定的以外，一般是重法优先适用。

三是是否要求一个行为同时造成数个结果。前者不要求行为人一行为造成数结果；后者要求行为人一行为造成数结果，因如此才可能一行为同时触犯数罪名。

四是前者属于法条之间的关系，所解决的是法律适用问题；后者是犯罪行为所触犯的不同罪名的竞合，所解决的是犯罪个数是单数还是复数的问题。

诉讼欺诈中属于法条竞合犯的情况有：第一，行为人采用暴力、威胁等方法阻止证人作证或指使他人作伪证，当事人以外的人帮助当事人毁灭、伪造证据来进行诉讼欺诈，其行为同时构成妨害作证罪或帮助毁灭、伪造证据罪和诉讼欺诈罪，二者间属于交叉竞合的法条竞合犯，不属于想象竞合犯，因为即使上述犯罪事实未发生，从法条本身的规定看，诉讼欺诈罪与妨害作证罪，帮助毁灭、伪造证据罪之间也存在交叉竞合的关系。诉讼欺诈罪的客观行为就有妨害作证，毁灭、伪造证据，妨害作证，毁灭、伪造证据被包容在诉讼欺诈罪中，此时应从一重罪定处。按前述笔者增设诉讼欺诈罪的立法建议，诉讼欺诈罪可以并处罚金，重于妨害作证罪或帮助毁灭、伪造证据罪，故除诉讼欺诈罪未达既遂的以外，均从重罪定诉讼欺诈罪。第二，当行为人以非法占有为目的进诉讼欺诈，其诈骗数额、情节达到诈骗罪定罪标准时，行为人的行为既构成诈骗罪又构成诉讼欺诈罪，而诉讼欺诈罪本身就有以非法占有为目的的欺诈，故在行为发生以前诈骗罪与诉讼欺诈罪之间的交叉竞合关系就已存在。但此时不宜重法优先适用，如前述，只有诈骗财物数额特别巨大时才定诈骗罪，否则不定诈骗罪。

第二节　诉讼欺诈罪的牵连犯

按我国刑法理论通说观点，所谓牵连犯是指其出于一个最终目的，实施了数行为，其犯罪的方法（手段）或结果又触犯了其他罪名的情况。其构成条件是：行为人主观上出于一个最终目的，在达到最终目的的过程中又可有数个目的。客观上行为人实施了数个行为，数个行为构成了不同性质的犯罪。数个行为之间有方法（手段）或结果上的紧密联系，方法（手段）或结果是服从于或派生于最终目的的行为。通说认为对牵连犯除法律有特别规定的以外，一般从一重罪定处。定一罪严重违反罪刑相适应原则的，应数罪并罚。

由于增设的诉讼欺诈罪系复数行为，故行为人以妨害作证，毁灭、伪造证据方式进行诉讼欺诈就系诉讼欺诈罪的客观行为内容，刑法评价其是一行为不是数行为，故此时行为人构成的妨害作证罪，帮助毁灭、伪造证据罪与诉讼欺诈罪之间不是牵连犯而是法条竞合犯。但诉讼欺诈中也有牵连犯的存在，如行为人伪造、变造、买卖国家机关公文、证件、印章或伪造公司、企业、事业单位、人民团体印章来伪造证据，以便进行诉讼欺诈，其行为既构成伪造、变造、买卖国家机关公文、证件、印章罪或伪造公司、企业、事业单位、人民团体印章罪，又构成诉讼欺诈罪或诈骗罪时就属于牵连犯。另外，行为人为收买司法机关工作人员以达诉讼欺诈目的构成的行贿罪与诉讼欺诈罪之间也属牵连犯。

第三节　诉讼欺诈罪与转化犯

所谓转化犯，是指实施一个较轻罪之行为，由于发生了重结果，其行为又触犯了另一较重之罪，法律规定以较重之罪论处的情形。按笔者建议的观点，侵财型诉讼欺诈行为人诈骗财物数额特别巨大的以诈骗罪定处，这就属于诉讼欺诈罪的转化犯。诉讼欺诈有侵财型诉讼欺诈和非侵财型诉讼欺诈两类，非侵财型诉讼欺诈会造成扰乱司法秩序或损害司法权威及损害他人合法权益的损害结果，但此种结果一般是非物质性损害，且不管损害轻重均是一罪结果而非数罪结果，而转化犯的重结果触犯的是异种罪，故不管发生多重的损害结果，非侵财型诉讼欺诈均无转化犯存在的可能。侵财型诉讼欺诈造成的损害结果除前面所述损害外还有他人财产权受侵害，此时定性可能有两种情况：一是侵财达不到定诈骗罪的标准，只应定诉讼欺诈罪，或达到定诈骗罪的标准但因不是数额特别巨大，依笔者设立的诉讼欺诈罪建议也只定诉讼欺诈罪，不存在转化犯。二是侵财型诉讼欺诈数额特别巨大定诈骗罪，前文已述属于转化犯。当行为人以暴力威胁他人作伪证或阻止他人作证进行诉讼欺诈时可能构成故意伤害罪，但笔者认为诉讼欺诈罪与妨害作证罪之间系法条竞合犯关系，诉讼欺诈罪与故意伤害罪之间并非转化犯关系，属于牵连犯关系。这是因为转化犯与牵连犯最本质的区别在于后者是数行为，前者是一行为，而以暴力威胁他人作伪证或以暴力阻止他人作证进行诉讼欺诈的行为属于刑法上的数行为而非一行为，故不属于转化犯，应对其从一重罪定处。如做不到罪刑相适应，也可以故意伤害罪与诉讼欺诈罪数罪并罚。

第四节　诉讼欺诈中的数罪并罚

诉讼欺诈中的想象竞合犯或法条竞合犯系实质一罪，绝对不能定数罪。行为人的数行为触犯数罪名的如果数行为之间有牵连关系一般也从一重罪定处。诉讼欺诈中行为人有数行为，数行为之间无牵连关系或无吸收关系的任何情况下均应当数罪并罚。笔者认为可能存在数行为之间既无牵连关系也无吸收关系的情况，如诉讼欺诈被司法机关发现而未遂后，参与诉讼欺诈的非当事人帮助当事人毁灭证据、帮助诉讼欺诈人报复殴打证人或其他当事人、诉讼欺诈当事人拒不执行其败诉的生效判决裁定等，此时是数罪过支配下的数行为，数行为之间既无牵连关系，也无吸收关系，应数罪并罚。

第五节　诉讼欺诈罪中的共同犯罪

诉讼欺诈罪可以由原告或原告方的诉讼代理人、法定代表人单独作案，也可以由原告或原告方人员与其他人共同作案。其他人可以是帮助犯，也可是教唆犯，还可以是实行犯。当行为人与其他人只构成诉讼欺诈罪的共犯不触犯其他罪名时，认定不存在争议；但如果这些人员构成诉讼欺诈罪的同时又构成其他罪，应如何认定就会发生争议。另外，司法工作人员与当事人勾结，帮助当事人进行诉讼欺诈，是构成相关职务犯罪还是诉讼欺诈罪的共犯，也值得探讨。

首先，应厘清共同犯罪的含义。

按照共同犯罪理论上的通说，构成共同犯罪的条件是犯罪主体应负刑事责任的人有二人以上，主观上各共犯形成了共同故意，客观上有相互配合的共同行为。但如果是一个单位中的数个人员为本单位利益以单位名义进行诉讼欺诈的，该单位的数人不属于此处所探讨的共同犯罪，因为其承担刑事责任的主体均只有一个单位，其数人均是犯罪单位承担刑事责任的相关责任人员。主观上各共犯有共同犯罪故意，在此点上犯罪共同说与行为共同说对共犯的范围认定不一致。按犯罪共同说，各行为人如不是犯同一犯罪构成要件之罪，就不具有犯罪的共同故意，如一人出于杀人故意，另一人出于伤害故意，二者共同致死一人，二人无犯罪的共同故意，不构成共同犯罪。按行为共同说，只要数人均明知自己的行为会发生危害社会的结果、希望或放任危害社会结果的发生，尽管具体故意有所不同，只要客观上配合造成某损害结果，均构成共同犯罪，如前述一人以杀人故意、另一人以伤害故意共同侵害他人致死，则二人均构成共同犯罪。还有一种观点将前述二者结合起来，认为二人在重合的部分（故意伤害罪）范围内构成共同犯罪（部分共同说），但在超出重合部分即故意杀人上不构成共同犯罪。犯罪共同说为传统刑法理论的通说观点，但近年来部分共同说越来越被人们所接受。但不管哪种观点，对共同故意的理解并无分歧，即对共同故意不能理解为各共犯共同希望达到某一目的，只要行为人明知自己的行为会发生危害社会的结果——共犯中可以是都希望该结果发生，也可以是有的希望、有的放任此结果的发生——明知不是自己单独犯罪而是与他人共同犯罪，只要行为人之间客观上有相互配合的共同行为均属于共同犯罪。也就是说，各共犯可能各具不同的目的。

可以按此观点分析诉讼欺诈中的共同犯罪。要构成诉讼欺诈的共同犯罪，必须要求各行为人主观上均明知自己是在进行诉讼欺诈，明知会导致法院的错误裁判或错误执行，各共犯主观上有犯意联络，各行为人均实施了配合进行诉讼欺诈的行为，哪怕有的人是为获得财产，有的人是为损害他人名誉，有的人是为报复他人，均构成诉讼欺诈罪的共犯。如果原告是以非法占有为目的进行诉讼欺诈，被告诉讼代理人与原告沟通后出于报复委托人的目的故意与进行诉讼欺诈的原告达成协议损害被告人的利益，此时被告诉讼代理人也构成诉讼欺诈罪的共犯。但如果行为人并未认识到他方是在进行诉讼欺诈，即使故意为诉讼欺诈人提供了帮助行为让诉讼欺诈人欺诈成功，也不能认定帮助人构成诉讼欺诈罪的共犯。例如，国有单位工作人员甲受领导安排参与自己单位作为被告的案件的诉讼，甲并不知道原告是伪造证据欲占有本单位的财物而提起诉讼的。甲因对本单位领导不满，明知不该同意对方无理的诉讼请求，故意同意对方的诉讼请求与对方达成调解协议，使本单位丧失上诉权而败诉。此时行为人不构成原告诉讼欺诈罪的共犯，应以国有单位工作人员滥用职权罪定处。

但未与他人沟通时帮助他人诉讼欺诈成功是否构成诉讼欺诈罪的共犯？如前所述，被告的诉讼代理人与进行诉讼欺诈的原告并未沟通，却故意同意对方无理的诉讼请求与对方达成调解协议，使本单位丧失上诉权而败诉，原告并不知被告代理人是故意而为，这就是理论上所称的片面共犯。片面共犯是否构成共同犯罪在我国还未取得共识，即使认为片面共犯构成共同犯罪，也有对片面帮助犯成立的范围只能是片面帮助犯或是除此外可包括片面教唆犯、片面实行犯等的争议。[①] 笔者认为，片面共犯也构成共同犯罪，但不存在片面实行犯，只存在片面帮助犯和片面教唆犯。故即使被帮助者、被教唆者并不知道他人是故意帮助、教唆自己进行诉讼欺诈，帮助者、教唆者也构成诉讼欺诈罪的共犯。但笔者赞同片面共犯的前提是对帮助者或教唆者不以他人共犯定处就无法定罪的情况而言的，此时承认片面共犯才会让应受刑罚制裁的行为入罪，否则会无罪。但如果行为人既属诉讼欺诈罪的片面共犯但其行为又属渎职罪的实行行为时，则不能承认其为片面共犯，此时对行为人根据其主体不同应以国有公司、企业、事业人员滥用职权罪或枉法裁判罪或滥用职权罪（司法人员）论处。

其次，当诉讼欺诈中的行为既属于一罪的实行犯又属于他人诉讼欺诈的帮助犯或共同实行犯时应如何定性?

在诉讼欺诈中常出现行为人帮助他人进行诉讼欺诈，行为人行为本身也构成另外罪名的实行犯，如司法人员明知他人进行诉讼欺诈，受贿后或徇私情滥用职权作出错误裁判或错误执行，帮助诉讼欺诈人达到其欺诈目的，此时司法人员既构成枉法裁判罪、受贿罪的实行犯又构成诉讼欺诈人的帮助犯；为帮助他人诉讼欺诈毁灭、伪造证据的，既构成他人诉讼欺诈的共

---

① 李永升主编：《刑法总论》，法律出版社 2011 年版，第 234 ~ 235 页。

同实行犯又构成帮助毁灭、伪造证据罪的实行犯。上述情况属于想象竞合犯，对行为人应从一重罪定处，但笔者认为此种情况一般应对司法工作人员以职务犯罪定处，其理由见本书第八章第六节。当然，如果司法工作人员并不知行贿人要进行诉讼欺诈，认为行贿人只想求得公正判决或偏向行贿人判决，此时司法工作人员由于缺乏诉讼欺诈的共同故意，不构成诉讼欺诈罪。另外，如行贿人是被告，司法工作人员并不知行贿人与原告合谋进行诉讼欺诈损害第三人的利益，也因缺乏与诉讼欺诈人的共同故意不构成诉讼欺诈罪的共犯。同时鉴定人、勘验人如果明知他人进行诉讼欺诈，与原告方人员勾结作虚假鉴定、勘验的，鉴定人、勘验人既构成诉讼欺诈罪的共犯又独立构成帮助毁灭、伪造证据罪，也应从一重罪定处。但鉴定人、勘验人只与被告方人员勾结作伪证的，因诉讼欺诈罪是以提起诉讼或申请执行为条件，则被告方人员不构成诉讼欺诈罪，故鉴定人、勘验人只构成帮助毁灭、伪造证据罪，不构成诉讼欺诈罪的共犯。证人、翻译人员与他人勾结进行诉讼欺诈的，证人、翻译人员的行为不属于帮助毁灭、伪造证据，只可能构成诉讼欺诈罪的共犯。

第八章 诉讼欺诈罪与相关罪的联系与区别

第一节 诉讼欺诈罪与伪证罪

诉讼欺诈罪与伪证罪的区别很明显，一般也不易混淆。一是犯罪主体不同。伪证罪是特殊主体，由证人、鉴定人、翻译人员、记录人构成，且只能由自然人构成；而诉讼欺诈罪尽管必须是原告方的人才能单独构成，但从任何人均可进行诉讼欺诈来看，诉讼欺诈罪又是一般主体，自然人、单位均可构成。二是主观要件不同。伪证罪行为人主观是包庇或陷害犯罪嫌疑人、被告人；诉讼欺诈罪是以非法占有为目的或以损害诉讼对方或第三人的合法利益为目的。三是发生的领域不同。伪证罪只能发生在刑事诉讼中；诉讼欺诈罪发生在民事诉讼或行政诉讼中或发生在刑事附带民事诉讼中。这点是二罪的本质区别。四是客观行为方式不同。伪证罪是对与案件有重要关系的情节，故意作虚假证明、鉴定、记录、翻译，来陷害他人或隐匿罪证的；而诉讼欺诈罪则是采用伪造证据或妨害作证手段提起本不存在的诉讼或部分虚假的诉讼，或骗得错误仲裁裁决、公证后申请法院强制执行。客观行为一个是伪造证据或以暴力、威胁、贿买等方法阻止证人作证或指使他人作伪证，毁灭、伪造证据等，另一个是提起虚假诉讼行为或采欺诈手段获取错误仲裁、公证后申请强制执行，是复合行为而非单一行为，而伪证罪是单一行为，无需向法院提起诉讼或强制执行。

当民事（包括刑事附带民事诉讼）、行政诉讼中的证人、翻译人员、鉴定人、记录人为配合行为人进行诉讼欺诈故意作伪证，作错误的翻译、鉴定、记录时，情节严重的构成诉讼欺诈罪的共犯。以上人员构成诉讼欺诈的共犯无需要求其主观也具有被帮助者的动机，如非法占有目的、损害他人名誉、商业信誉或商品声誉等，只需明知被帮助者是为诉讼欺诈而故意作伪证、错误的翻译、鉴定、记录就可构成。如果是司法机关的鉴定人、翻译人员、记录人故意利用职务之便帮助当事人进行诉讼欺诈的，既构成诉讼欺诈罪，同时也触犯了滥用职权罪。以上人员不知他人是为进行诉讼欺诈而出于其他目的（如恶意扰乱法院秩序或报复他人）故意作虚假证言、错误的翻译、鉴定、记录等除故意作虚假鉴定、勘验可以构成帮助毁灭、伪造证据罪或滥用职权罪，其余不构成诉讼欺诈罪的共犯。

第二节　诉讼欺诈罪与妨害作证罪

设立诉讼欺诈罪以后，由于妨害作证系诉讼欺诈罪中的手段行为，似乎妨害作证罪被完全包容在诉讼欺诈罪之中，但只有被告方人员为胜诉而妨害作证时就无构成诉讼欺诈罪的可能，故妨害作证罪仍有独立存在的必要。

二罪尽管有很大区别，但联系很紧密。二者的联系是：二者均可能发生在民事诉讼或行政诉讼中；二者客观上均可能以暴力、威胁、贿买等方法阻止证人作证或指使他人作伪证；二者主体均即可由原告人、被告人、有独立请求权的第三人、申请执行人、反诉人等当事人本人构成，也可由其法定诉讼代理人、诉讼代理人、诉讼代表人构成；二者侵犯的客体均为司法秩序和司法机关的声誉；二者主观上均可能是以非法占有或损害他人合法权益等为目的。二者的区别是：一是主体不同。本罪的犯罪主体是特殊主体、单个人犯罪时，只能是原告人、有独立请求权的第三人、申请执行人、反诉人或其法定诉讼代理人、诉讼代理人、诉讼代表人、而妨害作证罪的主体除以上人员可以构成外，其他一般自然人也可单独构成。诉讼欺诈罪的主体单位可以构成，妨害作证罪的主体只能由自然人构成。二是犯罪主观要件不同。诉讼欺诈罪是借法院之手达到以非法占有目的或以损害第三人或对方当事人合法利益的目的，对他人来说均是有损无益；而妨害作证罪行为人主观目的可能是包庇他人也可能是损害他人利益。妨害作证罪行为人主观一般无非法占有目的，而诉讼欺诈罪行为人多数具有非法占有目的。三是客观要件不同。诉讼欺诈罪要以提起虚假诉讼（包含部分虚假）为要件，或者要以妨害作证等骗得错误的仲裁、公证后申请法院强制执行为要件，诉讼双方常常本不存在诉讼争议的法律关系；而妨害作证罪不要求以提起虚假诉讼或申请法院强制执行为要件，诉讼双方多是真实存在诉讼争议的法律关系。诉讼欺诈罪是复数行为而非单数行为，其实行行为是毁灭、伪造证据，妨害作证等行为加上提起诉讼或骗得错误仲裁、公证后申请强制执行，前者毁灭、伪造证据，妨害作证等是行为人可能为也可能不为的选择行为要件，而后者是必须有此行为才构成；妨害作证罪是单数行为，其实行行为是妨害作证，不需要以提起诉讼或申请强制执行仲裁裁决、公证文书为条件。但二者也发生交叉，当行为人为进行诉讼欺诈而进行阻止证人作证或指使他人作伪证等妨害作证行为时，行为除构成诉讼欺诈罪外还构成妨害作证罪，此时属于法条竞合犯，应优先适用特别法，定诉讼欺诈罪，不再定妨害作证罪。只有在不构成诉讼欺诈罪（如只系被告单独进行欺诈时）时才可能以妨害作证罪定处。

第三节　诉讼欺诈罪与帮助毁灭、伪造证据罪

与前述相同，设立诉讼欺诈罪以后，由于帮助毁灭、伪造证据系诉讼欺诈罪中的手段行为，似乎被完全包容在诉讼欺诈罪之中，但如无原告方人员进行诉讼欺诈，只为帮助被告方人员胜诉而帮助毁灭、伪造证据时就无构成诉讼欺诈罪的可能，故帮助毁灭、伪造证据罪仍有独立存在的必要。

诉讼欺诈罪与帮助毁灭、伪造证据罪的相同点是侵犯客体有相同之处，均会扰乱司法秩序，损害法院权威、声誉，均可能发生在民事诉讼或行政诉讼中，客观行为均可能是毁灭、伪造证据，行为人主观上均是故意。二者的区别是：一是犯罪客体不同。诉讼欺诈罪的客体是复杂客体而非简单客体，特别是侵财型诉讼欺诈此点更明显；而帮助毁灭、伪造证据罪是简单客体非复杂客体。二是发生的领域不同。诉讼欺诈罪只能发生在民事诉讼、行政诉讼、刑事附带民事诉讼中，但帮助毁灭、伪造证据罪除可发生在上述诉讼外还可以发生在刑事诉讼中。三是客观行为不同。诉讼欺诈罪毁灭、伪造证据是其可能为也可能不为的选择行为要件；而帮助毁灭、伪造证据罪是必须有此行为才构成。诉讼欺诈罪行为人必须提起虚假诉讼或骗得错误的仲裁裁决、公证文书后申请强制执行，通过毁灭、伪造证

据，妨害作证等行为让法院作出对自己有利的错误裁判，是复数行为而非单数行为，犯罪对象可以是证据等物，也可是证人或其他自然人，还有法院审判人员；帮助毁灭、伪造证据罪是帮助当事人毁灭、伪造证据，是单数行为而非复数行为，行为对象是证据，犯罪对象无证人、其他自然人和法院审判人员。四是犯罪主体不同。诉讼欺诈罪是特殊主体，单独作案时只能是当事人中的原告方人员，且单位也可以成为本罪主体；帮助毁灭、伪造证据罪是除当事人以外的一切自然人，当事人本人或单位不能成为本罪主体。例如，当事人本人毁灭、伪造证据不构成帮助毁灭、伪造证据罪。民事诉讼、行政诉讼中，当事人以外的人如果帮助原告方当事人毁灭、伪造证据来进行诉讼欺诈的，既构成诉讼欺诈罪也构成帮助毁灭、伪造证据罪，属于想象竞合犯，应从一重罪定处，定诉讼欺诈罪共犯。五是主观要件不同。诉讼欺诈罪行为人如系当事人，其意图让法院作出对己有利的裁判，以达非法占有之目的或损害他人利益之目的，是自己直接从诉讼中获利；而帮助毁灭、伪造证据罪当事人本人不可能成为本罪主体，故行为目的只能是帮助当事人一方获取胜诉或执行，行为人可能从诉讼中间接获利，并非直接从诉讼中获利。

第四节　诉讼欺诈罪与虚假破产罪

虚假破产罪是《刑法修正案（六）》新增的罪名。据《刑法修正案（六）》第6条的规定，虚假破产罪指公司、企业通过隐匿财产、承担虚构的债务或者以其他方法转移、处分财产，实施虚假破产，严重损害债权人或其他人利益的行为。实施虚假破产的行为人已启动了破产申请，隐匿财产、转移处分财产等行为，行为时间只能是申请破产前还是还可以在处理破产期间，尚有争议。笔者个人认为必须在申请破产前行为，或在申请破产前行为延续到法院进行破产清算期间行为，否则无法与妨害清算罪相区别。隐匿财产、转移处分财产等行为从申请破产前一直持续到破产清算期间是构成虚假破产罪一罪还是构成虚假破产罪与妨害清算罪二罪，理论上有争议。笔者认为，这种情况属于牵连犯，但二罪的法定刑相同，一般应以虚假破产罪定处，如定一罪严重违反罪刑相适应原则，也可数罪并罚。

最高人民法院、最高人民检察院将《刑法修正案（六）》规定的上述犯罪行为定名为虚假破产罪，体现了司法部门打击“假破产、真逃债”的坚定决心。从罪状描述上看，虚假破产罪惩治的对象是实施虚假破产的行为，但在国外，刑法介入破产领域的主要目的是打击破产欺诈行为。如何理解我国虚假破产罪中的“虚假破产”？只从汉语字义上理解，虚假破产是指不具备法定的破产原因而申请实施的破产。一般而言，法律不应当制裁不具备破产原因而申请破产的行为。因为仅仅是不具备破产原因而申请或进行破产清算的行为，并不会产生损害债权人或其他人利益的社会危害后果，法律自然也就没有必要对其进行制裁。真正需要法律规制的，是行为人在破产程序中损害债权人或其他人利益的欺诈行为。所以从应然层面讲，债务人是否发生破产原因即所谓破产是否虚假，并不是虚假破产犯罪的构成要件。相反，即使在真实的破产中如果存在欺诈行为，严重损害债权人或其他人利益的，也必须对其追究刑事责任。当然，有些国家出于节约司法资源等方面原因的考虑，反对在未发生破产原因的情况下受理破产案件，但这已是另一个层面的问题了。构成破产欺诈行为的具体范围，在《企业破产法》第31条、第32条、第33条规定的行为类别中已有规定。其中，第31条、第32条规定的行为在破产法上属于可撤销行为，第33条规定的行为属于无效行为。如果单纯从立法的合理性评析，将这些违法行为的罪名确定为破产欺诈罪是最为适宜的，这也是世界各国的通例。故从实质合理角度，“隐匿财产、承担虚构的债务或者以其他方法转移、处分财产”与“实施虚假破产”，不是成立虚假破产罪必须同时具备的两个客观要件，两者择一即可。也就是说，凡在申请破产前“隐匿财产、承担虚构的债务或者以其他方法转移、处分财产”，或者“实施虚假破产，严重损害债权人等利益的”均构成虚假破产罪。这样解释，可以弥补“实施虚假破产”这一客观要件遗漏真实破产中相关犯罪行为的不足。刑法第162条规定的妨碍清算罪，只能处理已进入破产程序后的部分破产犯罪行为。依照这一规定，进入破产清算程序后，行为人隐匿财产，对资产负债表或者财产清单作虚伪记载或者在未清偿债务前分配公司、企业财产，严重损害债权人或者其他人利益的，就可以依据妨碍清算罪论处。但对进入破产程序以前，行为人通过隐匿财产、承担虚构的债务或者以其他方法转移、处分财产来损害破产债权人利益的行为就无能为力。如果将虚假破产罪解释成“在申请破产前隐匿财产、承担虚构的债务或者以其他方法转移、处分财产”，或者“实施虚假破产，严重损害债权人等利益的”，就可以制裁妨害清算罪无法制裁的行为，堵塞刑法漏洞。

诉讼欺诈罪与虚假破产罪的相同之处是：二者的犯罪主体均可以是单位；二者主观上均可以是意图损害他人财产权益；二者侵犯的客体均可能是他人财产权；二者行为方式上均可能有毁灭、伪造证据。虚假破产行为人肯定会通过向法院提起破产诉讼的方式来达到目的，不管是符合破产条件的破产欺诈还是不符合破产条件的虚假破产，行为人均会向法院提起破产宣告诉讼，期待法院作出破产宣告，以达到逃避债权人的债务、损害他人财产权的目的。破产欺诈行为人也要通过毁灭、伪造证据，妨害作证等行为欺骗债权人和法院，故从广义说来，其行为也是通过提起民事诉讼达到损害他人财产权目的的诉讼欺诈行为。假若刑法未单独规定虚假破产罪，则行为人以妨害作证，毁灭、伪造证据，伪造证件等方式实施虚假破产或损害债权人权益的行为应以诉讼欺诈罪定处。但刑法已将此种欺诈单独规定为虚假破产罪，则只要属于虚假破产行为的就不能再以诉讼欺诈罪定处。虚假破产罪与诉讼欺诈罪之间是交叉竞合的法条竞合犯，行为人实施虚假破产或破产欺诈的，应当遵循特别法优先适用原则适用法条，定虚假破产罪不定诉讼欺诈罪。

但二者又有很大的区别。二者的区别是：二者主体范围不同。诉讼欺诈罪的主体可以是原告也可以是有独立请求权的第三人、反诉人及其法定代理人、诉讼代理人、法定代表人等，可以是自然人也可以是单位。虚假破产罪的主体只能是破产申请人，且只能由单位（公司、企业）构成，自然人不构成本罪。二者侵犯客体不同。诉讼欺诈罪是复杂客体，除侵犯正常的司法秩序以外，还侵犯公私财产权、自然人或单位的名誉、商品声誉、正常生产经营秩序等。换句话说，诉讼欺诈也可能不侵犯他人财产权。虚假破产罪虽然也侵犯复杂客体，但客体内容与诉讼欺诈不同，其侵犯的是国家破产管理秩序和债权人的合法财产权益。虚假破产罪不侵犯司法机关的正常秩序，因为行为人的欺诈行为发生在向法院提起破产诉讼以前，在提起诉讼以前就已完成了财产转移、隐匿财产等行为，并非在诉讼过程中进行妨害作证、伪造证据等。在妨害作证、伪造证据延续至向法院提起破产申请以后的法院审理过程中，法院依法不负有审核申请人真实财产、真实负债情况的义务，即使法院依行为人的造假行为作出了破产宣告，也不存在法院的裁判再审查明是错误的而应予以撤销的问题，故其不侵犯司法秩序。而诉讼欺诈罪中的伪造证据或妨害作证、虚假陈述等行为必须延续至诉讼中，法院因受骗而作出了错误的裁判或执行，如以后查明裁判、强制执行有错的，要经审判监督程序或通过执行回转予以纠正，故其侵犯了正常司法秩序，损害了法院的威信、声誉。二者客观要件不同。诉讼欺诈罪行为人除提起民事诉讼外还可以提起行政诉讼或申请执行仲裁裁决、有强制执行效力的公证文书，而虚假破产罪行为人只能提起破产宣告的民事诉讼。诉讼欺诈罪是采用伪造证据或妨害作证等手段来提起诉讼或骗取仲裁、公证书申请执行，且其妨害证据等行为必须延续至诉讼过程中，行为方式是造假和提起诉讼或执行。虚假破产罪的客观行为方式，是在提起破产宣告前隐匿财产、承担虚假债务或者以其他方式转移财产、处分财产或实施虚假破产，即由隐匿、转移财产等行为和破产申请行为构成。虚假破产罪的行为方式表现为对实际财物的藏匿、毁弃账簿或其他会计文件、在财务报告上弄虚作假等，其作假方式多于诉讼欺诈。作假时，诉讼欺诈罪是延续至诉讼中或发生在诉讼中，虚假破产罪必须发生在诉讼前。二者主观要件不同，诉讼欺诈罪行为人可能是想非法占有他人财物，也可能是谋划打垮竞争对手或毁损他人名誉、贬低他人人格等。虚假破产罪只以非法谋取财产利益为目的。二者损害的对象不同。诉讼欺诈罪可能损害其他当事人利益，也可能损害案外第三人的财产或非财产性利益。虚假破产罪只能损害债权人或其他人的财产性利益。

第五节　诉讼欺诈罪与妨害清算罪

根据刑法第 162 条的规定，妨害清算罪是指公司、企业进行清算时，隐匿财产，对资产负债表或者财产清单作虚伪记载或者在未清偿债务前分配公司、企业财产，严重损害债权人或者其他人利益的行为。诉讼欺诈罪与妨害清算罪的犯罪主体均可以是公司、企业；二罪的主观方面均是直接故意，均可以是图谋他人财产利益；清算有通过法院进行的清算也有非通过法院进行的清算，当通过法院进行清算时，妨害清算的行为与诉讼欺诈罪一样可发生在诉讼中，行为方式均可能有妨害作证，毁灭、伪造证据等行为。当行为人是原告方人员且在法院进行清算过程中有毁灭、伪造证据，妨害作证等妨害清算行为时，从广义上说，其行为也触犯了诉讼欺诈罪，假若刑法未规定妨害清算罪，对此行为也可纳入诉讼欺诈罪定处。但二者只有很小一部分交叉，二者的区别是主要的。

二罪的区别很明显。一是二者侵犯的客体不同。妨害清算罪侵犯的客体是清算管理秩序和债权人及他人的财产所有权，不侵犯司法机关的正常活动。而诉讼欺诈罪主要侵犯的是司法机关的正常活动，不必然侵犯他人的财产所有权。二是二者犯罪主体不同。妨害清算罪系单位犯罪，其犯罪主体只限于正在清算中的公司、企业，不包括自然人，且不限定是原告方人员。而诉讼欺诈罪的主体单位、自然人均可构成，如为单独犯罪时，必须是由原告或反诉人、有独立请求权的第三人及其代理人、诉讼代表人构成。妨害清算罪尽管在立法上采取的是法人主义，但对该种犯罪之处罚，则采用刑法理论所称的“代罚制”，即不对公司、企业进行处罚，仅处罚其直接负责的主管人员和其他直接责任人员。妨害清算罪的处罚对象是被清算的债务人的原法定代表人，也可能是其他第三人或是清算组的成员。而诉讼欺诈罪由单位构成时是采用双罚制，既罚单位又罚直接负责的主管人员和其他直接责任人员。三是二者客观要件不同。妨害清算罪只能发生在进行清算时，清算有不通过法院进行的清算和通过法院进行的清算，不通过法院进行的清算不属于诉讼，故妨害清算行为可发生在诉讼中也可不发生在诉讼中。而诉讼欺诈罪只能发生在诉讼过程中或骗得错误仲裁、公证后申请执行的程序中。四是二者行为方式不同。妨害清算罪是在清算时隐匿财产，对资产负债表或者财产清单作虚伪记载或者在未清偿债务前分配公司、企业财产，严重损害债权人或者其他人利益的行为，不以伪造证据、妨害作证和提起诉讼或申请执行为必要条件。而诉讼欺诈罪是以毁灭、伪造证据，妨害作证等手段，虚构事实或隐瞒事实真相，向法院提起诉讼或申请执行等，使法院作出错误裁判或错误执行、诈骗财物数额较大或情节严重的行为。诉讼欺诈罪以妨害作证，毁灭、伪造证据和提起诉讼或申请执行为必要条件。妨害清算罪客观行为是“隐匿财产，对资产负债表或者财产清单作虚伪记载或在未清偿债务前分配公司、企业财产，严重损害债权人的利益”。诉讼欺诈毁灭、伪造证据，妨害作证行为可以是提起诉讼或申请执行前行为延续至诉讼中或在诉讼过程中的行为。而妨害清算罪如系通过法院的清算，则客观行为不可能发生在提起诉讼前。二罪主观上是否必须有侵犯他人财产权故意及侵犯他人财产权故意产生的时间也不同。诉讼欺诈罪不以非法占有公私财产或损害他人财产权为必要条件，也可以是损害他人名誉权等。而妨害清算罪以侵犯债权人等人财产权的故意为必要条件，其进入清算程序本身并无虚假之处，行为人非法占有他人财物或损害他人财产权目的产生的时间可以是进入清算以前也可以是进入清算程序以后。诉讼欺诈罪行为人是在提起诉讼前或申请执行前就产生了非法占有公私财物或损害他人财产权的故意。

第六节　诉讼欺诈罪与渎职犯罪

诉讼欺诈罪与渎职犯罪的理论界限是很清楚的，不易混淆。但当司法人员与他人勾结进行诉讼欺诈时，其定性就显得模糊了，如本书第三章第二节李某诉讼欺诈案，检察院先以诈骗罪起诉后，又以渎职罪的共犯起诉。又如本书第四章第八节，审判员李某让亲戚王某提起虚假诉讼后，伪造调解笔录并违法出具调解书给王某，王某据此给赃车上牌照一案，是对王某以司法人员渎职罪共犯定处还是对李某以诉讼欺诈罪的共犯定处？严格说来，只要明知他人进行诉讼欺诈而提供帮助或教唆，即使他人不知情也构成片面共犯。与诉讼欺诈人相互勾结，利用职务之便帮助他人进行诉讼欺诈，当然也构成诉讼欺诈罪的共犯。行为人一行为触犯渎职罪和诉讼欺诈罪，系想象竞合犯，应从一重罪定处。但从立法目的看，如果国家机关工作人员滥用职权为犯罪人提供了帮助不宜以犯罪人的共犯定处，如徇私舞弊不征或少征税款的行为人不能定逃税罪的共犯而应定徇私舞弊不征、少征税款罪，对放纵走私行为人不能定走私罪的共犯而应定放纵走私罪，对税务机关工作人员骗取出口退税人办理出口退税定违法提供出口退税凭证罪而不定骗取出口退税的共犯，等等。故一般情况下，对司法工作人员定渎职罪而不定诉讼欺诈罪的共犯。但如果行为人已与诉讼欺诈人达成诉讼欺诈的共同目的或教唆他人诉讼欺诈的，仍定渎职罪则不合理。因为滥用职权罪或枉法裁判罪法定最高刑只有10年，而诉讼欺诈如果诈骗数额特别巨大的要转化为诈骗罪，诈骗罪法定最高刑可达无期徒刑，教唆犯一般是主犯或与实行犯承担同样刑事责任的共同犯罪人，如果对国家工作人员或司法工作人员不定诈骗罪只定渎职罪，量刑就会远轻于实行犯。故笔者认为，国家工作人员或司法工作人员已与诉讼欺诈人达成一致目的或属于教唆他人进行诉讼欺诈的，对国家工作人员或司法工作人员要以诉讼欺诈罪定处；如未与诉讼欺诈人达成一致目的也未构成诉讼欺诈的教唆犯的，国家工作人员或司法工作人员构成渎职罪，其他人构成诉讼欺诈罪。所谓达成一致目的，是指司法工作人员行为目的与诉讼欺诈人一致，如司法工作人员以非法占有目的与诉讼欺诈人协议按比例共分诉讼欺诈所得赃款，司法工作人员出于帮近亲属打垮竞争对手目的帮他人进行诉讼欺诈等。

按此思路，前述审判员李某让亲戚王某提起虚假诉讼后违法出具调解书给王某一案中，李某在指使王某伪造合同起诉以前已产生诉讼欺诈故意，故其不属于诉讼欺诈罪的教唆犯。李某明知王某进行诉讼欺诈还为其出主意，指使王某伪造企业公文，并利用职务之便伪造调解书给王某，尽管其对诉讼欺诈人成功起了帮助作用，但不应定李某诉讼欺诈罪的共犯。李某的行为触犯了伪造国家机关公文罪、帮助伪造证据罪、滥用职权罪（如认为李某不属于2006年《最高人民检察院关于渎职侵权犯罪案件立案标准的规定》中的“其他致使公共财产、国家和人民利益遭受重大损失的情形”，则不构成滥用职权罪），帮助伪造证据罪与滥用职权罪之间系牵连犯，一般应从一重罪定处，伪造国家机关公文罪与滥用职权罪之间系想象竞合犯，只能从一重罪定处。

对实施诉讼欺诈的行为人，在刑法增设了诉讼欺诈罪以后，除了教唆司法工作人员渎职且对之不能以诉讼欺诈罪定处以外，实施诉讼欺诈的行为人不能构成司法人员渎职罪的共犯，只能对之定诉讼欺诈等罪。

但要分清司法工作人员的行为是想象竞合犯还是牵连犯，二者定处原则不同。想象竞合犯是本质一罪，绝对不能定数罪；牵连犯属于实质数罪，一般从一重罪定处，也不排除数罪并罚。如果司法人员与诉讼欺诈人勾结且与诉讼欺诈人形成了共同进行诉讼欺诈的犯罪故意，以自己职务行为作出枉法裁判，则既构成诉讼欺诈罪的共犯，还因故意违背事实和法律作枉法裁判而构成枉法裁判罪，二罪之间属想象竞合犯，应从一重罪定罪。但司法工作人员除了故意枉法裁判、为诉讼欺诈人提供方便外，还有毁灭、伪造证据，妨害作证或指使本不具有诉讼欺诈故意的行为人进行诉讼欺诈等行为，属于实施了数行为触犯数罪名，是牵连犯，一般从一重罪定处。定一罪明显违背罪刑相适应原则时，也可数罪并罚。

第九章　诉讼欺诈非罪行为定处与综合防治

第一节　诉讼欺诈非罪行为定处

一、诉讼欺诈非罪行为承担的责任

在增设诉讼欺诈罪以后，诉讼欺诈要诈骗财物数额较大或情节严重才能入罪。如此一来，入罪定处的只是诉讼欺诈行为中的少数行为。在增设诉讼欺诈罪以后对诉讼欺诈非罪行为如何定处？在现行法律框架下对无法以诈骗罪、证据类等罪名定处的非罪诉讼欺诈行为应如何定处？综观我国现行法律规定，可以追究诉讼欺诈非罪行为的法律责任的法律有《民法通则》、《侵权责任法》、《治安管理处罚法》、《民事诉讼法》、《行政诉讼法》等，故对诉讼欺诈非罪行为可以追究民事责任、行政责任。

（一）诉讼欺诈的民事责任

所谓民事法律责任，是指违反了民事法律规范而应当依法承担的民事法律后果。民事法律责任的特点有：

1. 民事法律责任是民事主体违反民事法律的后果。民事法律责任就是基于民事违法行为而产生的，具体包括违反合同的民事法律责任和侵权的民事法律责任两类。

2. 民事法律责任可以在允许的范围内自愿和解。强制性是一切法律责任共有的特性，民事法律责任也不例外。但应该注意的是，在一定条件下，民事法律责任不一定要求国家相关有权机关的干预，可以不经过诉讼程序，而直接由当事人在国家和政策允许的范围内自愿和解，协商解决。

3. 民事法律责任主要是财产责任。在民事活动中，违反民事义务的行为往往与财产损害有关，这就决定了民事法律责任主要是具有经济内容的财产责任。但这些财产责任的承担并不影响某些非财产责任的承担，比如赔礼道歉、消除影响、恢复名誉等。

诉讼欺诈人承担民事责任的法律依据在我国只有《民法通则》、《侵权责任法》。《民法通则》第106条第2款规定："公民、法人由于过错侵害国家的、集体的财产，侵害他人财产、人身的，应当承担民事责任。"诉讼欺诈的责任只可能是侵权责任而不可能是合同责任。按《民法通则》第6章第4节的规定，承担侵权民事责任的方式有：停止侵害；排除妨碍；消除危险；返还财产；恢复原状；修理、重作、更换；赔偿损失；支付违约金；消除影响、恢复名誉；赔礼道歉。这当中，诉讼欺诈的民事责任不可能是修理、重作、更换和支付违约金，除此之外的责任方式诉讼欺诈行为人均可能承担。

以上承担民事责任的方式，可以单独适用，也可以合并适用。我国2010年7月1日起施行的《中华人民共和国侵权责任法》第2条规定："侵害民事权益，应当依照本法承担侵权责任。本法所称民事权益，包括生命权、健康权、姓名权、名誉权、荣誉权、肖像权、隐私权、婚姻自主权、监护权、所有权、用益物权、担保物权、著作权、专利权、商标专用权、发现权、股权、继承权等人身、财产权益。”第15条规定：“承担侵权责任的方式主要有：（一）停止侵害；（二）排除妨碍；（三）消除危险；（四）返还财产；（五）恢复原状；（六）赔偿损失；（七）赔礼道歉；（八）消除影响、恢复名誉。以上承担侵权责任的方式，可以单独适用，也可以合并适用。”

与《民法通则》相比，《侵权责任法》规定的民事权利更完善、更具体，承担责任方式上比《民法通则》要少了支付违约金，修理、重作、更换两项，而这两项是合同责任中才会有的。按后法优于前法原则，《侵权责任法》颁布后，对诉讼欺诈承担民事责任的法律依据是《侵权责任法》。诉讼欺诈涉及侵犯他人的权利可能有：姓名权、名誉权、荣誉权、隐私权、婚姻自主权、监护权、所有权、用益物权、担保物权、著作权、专利权、商标专用权、发现权、股权、继承权等人身、财产权益。

《侵权责任法》未对诉讼欺诈这种侵权作专门规定。对诉讼欺诈是否应在《侵权责任法》中予以专门规制？不少学者认为，对诉讼欺诈行为，除了应在刑法上予以规制、在诉讼法上予以惩罚外，以《侵权责任法》或《民法》对其进行规制是必不可少的。[①] 杨立新教授主持完成的《中华人民共和国侵权责任法草案建议稿》第74条规定：“故意以他人受到损害为目的，无事实根据和正当理由而提起民事诉讼，致使对方在

① 于海生：《诉讼欺诈的侵权责任》，载《中国法学》2008年第5期，第86页。

诉讼中遭受损失的，应当承担侵权责任。”① 梁慧星教授主持的“中国民法典草案建议稿”、王利明教授主持的“中国民法典草案建议稿”均有关于恶意诉讼侵权责任的规定。② 遗憾的是，2009 年 12 月颁布的《侵权责任法》并未专门规定诉讼欺诈的侵权责任。虽然从理论上说，诉讼欺诈的受害人完全可以依照《侵权责任法》中的规定向侵权人提起追究诉讼欺诈人的民事侵权责任之诉，遭受经济损失的可以要求侵权人赔偿，但实际上，由于对诉讼欺诈和被害人经济损失的不同理解，被害人所遭受的损害很难获得赔偿。且即使按侵权法获得赔偿，诉讼欺诈行为人承担的责任也只是补偿恢复性的，而非惩罚性的。

（二）诉讼欺诈的行政责任

行政责任是指因违反行政法或有关法律规定而应承担的法律责任。行政责任的特点是：第一，承担行政责任的主体是行政主体和行政相对人。第二，产生行政责任的原因是行为人的行政违法行为和法律规定的特定情况。第三，通常情况下，实行过错推定的方法。在法律规定的一些场合，实行严格责任。第四，行政责任的承担方式多样化。行政责任按承担的主体不同可分为行政主体及其公务员承担的行政责任和行政相对人承担的行政责任。

行政主体承担行政责任的具体方式有：通报批评；赔礼道歉，承认错误；恢复名誉，消除影响；返还权益；恢复原状；

---

① 王利明主编：《中国民法典草案建议稿及说明》，中国法制出版社 2004 年版，第 21 页。

② 于海生：《诉讼欺诈的侵权责任》，载《中国法学》2008 年第 5 期，第 77 页。

停止违法行为；继续履行职责；撤销违法的行政行为；纠正不适当的行政行为；行政赔偿，等等。尽管笔者还未收集到行政机关参与诉讼欺诈的案件资料，但理论上，在行政诉讼中，行政机关可能与原告配合进行诉讼欺诈，但行政机关只能作为共犯，不可能单独进行诉讼欺诈，因为诉讼欺诈只能由原告方人员构成，而在行政诉讼中行政机关只可能是被告而非原告。

公务员承担行政责任的具体方式有：通报批评；承担赔偿损失的责任；接受行政处分等。2007 年，国务院颁布了《行政机关公务员处分条例》。该条例规定的行政处分种类有：警告；记过；记大过；降级；撤职；开除。故对司法工作人员参与诉讼欺诈或明知他人进行诉讼欺诈，还渎职裁判处理案件的，或非故意渎职，但未能尽职尽责查明案件事实，其主观上有过失让诉讼欺诈人得逞但不构成犯罪的，由司法工作人员所在单位按相关规定给予上述处理。

行政相对人承担行政责任的具体方式有：承认错误，赔礼道歉；接受行政处罚；继续履行法定义务；恢复原状，返还财产；赔偿损失等。我国《治安管理处罚法》第 49 条规定："盗窃、诈骗、哄抢、抢夺、敲诈勒索或者故意损毁公私财物的，处五日以上十日以下拘留，可以并处五百元以下罚款；情节较重的，处十日以上十五日以下拘留，可以并处一千元以下罚款。"第 52 条规定："有下列行为之一的，处十日以上十五日以下拘留，可以并处一千元以下罚款；情节较轻的，处五日以上十日以下拘留，可以并处五百元以下罚款：

（一）伪造、变造或者买卖国家机关、人民团体、企业、事业单位或者其他组织的公文、证件、证明文件、印章的；

（二）买卖或者使用伪造、变造的国家机关、人民团体、企业、事业单位或者其他组织的公文、证件、证明文件的……"

前文已述，侵财型诉讼欺诈符合诈骗罪的构成特征，行为人属于诈骗行为，故对侵财型诉讼欺诈不构成犯罪的，可由公安机关给予拘留、罚款的行政处罚。对非侵财型诉讼欺诈，只要行为人有伪造、变造或者买卖国家机关、人民团体、企业、事业单位或者其他组织的公文、证件、证明文件、印章的，或买卖或者使用伪造、变造的国家机关、人民团体、企业、事业单位或者其他组织的公文、证件、证明文件不构成犯罪的，由公安机关给予拘留、罚款的行政处罚。

1982 年颁布现仍有效的《劳动教养试行办法》第 10 条规定："对下列几种人收容劳动教养：

（一）罪行轻微，不够刑事处分的反革命分子、反党反社会主义分子；

（二）结伙杀人、抢劫、强奸、放火等犯罪团伙中，不够刑事处分的；

（三）有流氓、卖淫、盗窃、诈骗等违法犯罪行为，屡教不改，不够刑事处分的；

（四）聚众斗殴、寻衅滋事、煽动闹事等扰乱社会治安，不够刑事处分的；

（五）有工作岗位，长期拒绝劳动，破坏劳动纪律，而又不断无理取闹，扰乱生产秩序、工作秩序、教学科研秩序和生活秩序，妨碍公务，不听劝告和制止的；

（六）教唆他人违法犯罪，不够刑事处分的。"

第 13 条规定："劳动教养期限，根据需要劳动教养的人的违法犯罪事实、性质、情节、动机和危害程度，确定为一至三年……" 按照以上规定，对进行侵财型诉讼欺诈屡教不改，不够刑事处分的，可给予劳教处罚。对教唆他人诉讼欺诈不够刑事处分的，也可给予劳教处罚。

综上所述，自然人进行诉讼欺诈承担行政责任的方式有：罚款、拘留、劳教。不管是进行何种诉讼欺诈，处拘留的最多是15天，劳教最长期限是3年，罚款最高是1000元。但对单位进行诉讼欺诈的无法追究单位行政责任。

对进行非侵财型诉讼欺诈又无《治安管理处罚法》第52条所列伪造、买卖证件等行为的，不能给予治安管理处罚或劳教处罚。

上述规定均是针对自然人的，单位进行诉讼欺诈的无法给予单位行政制裁。

（三）诉讼法责任

我国《民事诉讼法》第102条规定："诉讼参与人或者其他人有下列行为之一的，人民法院可以根据情节轻重予以罚款、拘留；构成犯罪的，依法追究刑事责任：

（一）伪造、毁灭重要证据，妨碍人民法院审理案件的；

（二）以暴力、威胁、贿买方法阻止证人作证或者指使、贿买、胁迫他人作伪证的；

（三）隐藏、转移、变卖、毁损已被查封、扣押的财产，或者已被清点并责令其保管的财产，转移已被冻结的财产的；

（四）对司法工作人员、诉讼参加人、证人、翻译人员、鉴定人、勘验人、协助执行的人，进行侮辱、诽谤、诬陷、殴打或者打击报复的；

（五）以暴力、威胁或者其他方法阻碍司法工作人员执行职务的；

（六）拒不履行人民法院已经发生法律效力的判决、裁定的。

人民法院对有前款规定的行为之一的单位，可以对其主要负责人或者直接责任人员予以罚款、拘留；构成犯罪的，依法追究刑事责任。”

第 104 条规定：“对个人的罚款金额，为人民币一万元以下。对单位的罚款金额，为人民币一万元以上三十万元以下。拘留的期限，为十五日以下。”

《行政诉讼法》第 49 条规定：“诉讼参与人或者其他人有下列行为之一的，人民法院可以根据情节轻重，予以训诫、责令具结悔过或者处一千元以下的罚款、十五日以下的拘留；构成犯罪的，依法追究刑事责任：

（一）有义务协助执行的人，对人民法院的协助执行通知书，无故推拖、拒绝或者妨碍执行的；

（二）伪造、隐藏、毁灭证据的；

（三）指使、贿买、胁迫他人作伪证或者威胁、阻止证人作证的；

（四）隐藏、转移、变卖、毁损已被查封、扣押、冻结的财产的；

（五）以暴力、威胁或者其他方法阻碍人民法院工作人员执行职务或者扰乱人民法院工作秩序的；

（六）对人民法院工作人员、诉讼参与人、协助执行人侮辱、诽谤、诬陷、殴打或者打击报复的。”

综上可以看出，如果单位在民事诉讼中进行诉讼欺诈但未构成犯罪的，可以按《民事诉讼法》对其在 30 万元以下 1 万元以上进行罚款，对其主要负责人或者直接责任人员予以罚款、拘留。但《行政诉讼法》并未规定可以对单位进行处罚，如果单位在行政诉讼中进行诉讼欺诈，除有关责任人员可能被予以训诫、责令具结悔过或者处 1000 元以下的罚款、15 日以下的拘留；构成犯罪的，依法追究刑事责任外，尚无其他制裁。故对单位进行诉讼欺诈的诉讼法制裁不完善。

不管是民事诉讼还是行政诉讼，诉讼参与人均包括原被告，故当事人本人不管是毁灭、伪造证据还是妨害作证，均可以受到诉讼法上的制裁。诉讼参与人包括证人、鉴定人、勘验人和翻译人员无争议，但是否包括司法机关工作人员？按通说观点和笔者观点，司法人员是主持诉讼人员，当然不属于诉讼参与人。故司法工作人员进行诉讼欺诈未构成犯罪的，只承担行政责任不承担诉讼法责任。当事人或证人、鉴定人、勘验人和翻译人员进行诉讼欺诈可受到民事制裁、行政制裁、诉讼法制裁。

二、现行法律规定漏洞及完善

综上所述，可以看出，不光是刑法，我国其他法律也无专门对诉讼欺诈的规定，只在《民事诉讼法》、《行政诉讼法》中对毁灭、伪造证据，指使他人作伪证等妨害诉讼行为规定了训诫、责令具结悔过或者罚款、拘留的处罚。在《治安管理处罚法》中，规定了对伪造、变造或者买卖国家机关、人民团体、企业、事业单位或者其他组织的公文、证件、证明文件、印章的；买卖或者使用伪造、变造的国家机关、人民团体、企业、事业单位或者其他组织的公文、证件、证明文件的，处1000元以下的罚款或15日以下的拘留。对侵财型诉讼欺诈按诈骗进行治安管理处罚或劳教处罚也只可能是理论上的见解，很难得到实践实行，而被害人对行为人提起的追究侵权责任即使实现了也只是补偿性的而非制裁性的。如此，诉讼欺诈行为的受罚成本与其能获得的巨大利益之间差距巨大，这也是诉讼欺诈猖獗但得不到遏制的原因之一。

现行法律规定有以下不完善之处：

一是除《民事诉讼法》外没有规定对单位进行诉讼欺诈

的处罚，使单位诉讼欺诈无法得到有效惩治。《民事诉讼法》尽管规定了单位有妨害作证，毁灭、伪造证据等行为时，可以对其主要负责人或者直接责任人员予以罚款、拘留；构成犯罪的，依法追究刑事责任，对单位可以处 1 万元以上 30 万元以下罚款，但与其诉讼欺诈可能获得的巨大经济利益相比，难以起到遏制作用，还会有进行诉讼欺诈的可能。而治安管理处罚、劳教处罚、在行政诉讼中的诉讼欺诈处罚也只针对自然人，更难以遏制单位进行诉讼欺诈。

二是即使对诉讼欺诈行为人以妨害作证或诈骗他人财产行为勉强依相关规定追究了行政责任或民事责任，行为人也只是承担了部分责任而并非全部责任，因为诉讼欺诈既有妨害作证行为等还有提起诉讼或申请执行等损害他人各种合法权益的行为，故不管按毁灭、伪造证据，妨害作证还是按诈骗行为追究责任，行为人均只承担了部分而非全部危害的法律责任。因依诈骗追究只承担了侵犯财产权责任，依伪造证据、妨害作证等追究只承担了行政责任，不符合责任与违法相适应原则。笔者认为应在《民事诉讼法》和《行政诉讼法》中专门规定对诉讼欺诈的处罚，特别是完善对单位诉讼欺诈的处罚规定，除了处罚直接责任人员外还要处罚单位，这样才能形成治理诉讼欺诈的严密法网，有效遏制诉讼欺诈行为。

三是由于在《民法通则》或《侵权责任法》中没有对诉讼欺诈侵权责任的专门规定，且因诉讼欺诈受害人和受损害利益的复杂性，如果双方串通进行诉讼欺诈，哪些案外人属于受害人，非财产利益受损害或可得利益损失是否属于受损害结果？实践中对诉讼欺诈是否构成侵权存有异议，故受害的利害关系人即使向法院提起赔偿之诉，也难以获得支持。这使得被侵权人不能得到相应的损害赔偿，特别是未直接侵犯财产权的诉讼欺诈、被害人所遭受的精神损害和可得财产损失更难以得到赔偿，故应在《侵权责任法》中专门规定诉讼欺诈人的民事责任，在有关司法解释中明确规定诉讼欺诈的经济赔偿方式。

笔者认为，我国应在《侵权责任法》或民法中专门明确规定诉讼欺诈人承担侵权责任的理由，这也是世界各国和地区的通行做法。例如，法国《新民事诉讼法典》第 32－1 条规定："对于拖延或以其他不当手段进行诉讼者，可以处 100 至 10000 法郎的民事罚款，并且不影响可能对其要求的损害赔偿。"德国 1993 年修改的《民事诉讼法》规定："当事人必须完全且真实地就事实上的状态作出陈述，若有恶意陈述虚伪事实，或妨碍对方当事人的陈述，提出无理争辩及提出不必要的证据时，法院可以处以罚款。"《德国民法典》第 826 条规定："以违反善良风俗的方式故意对他人施加损害的人，对他人负有损害赔偿义务。"《葡萄牙民事诉讼法》第 456 条规定："任何恶意诉讼行为的当事人都会被处以罚金并且在对方当事人要求赔偿的情况下应予以赔偿。"《澳门民事诉讼法》第 385 条规定："一、当事人出于恶意进行诉讼者，须判处罚款。"第 386 条规定："一、他方当事人得请求判处恶意诉讼人作出损害赔偿；二、上诉损害赔偿得为：a）偿还因诉讼人之恶意导致他方当事人所作之开支，包括诉讼代理人或技术员之服务费；b）偿还上述费用及因诉讼人之恶意而对他方当事人造成之其他损失。"英美程序法、实体法都对恶意诉讼行为进行了规定。在英美实体法上，恶意诉讼是一种侵权行为类型，恶意诉讼人需承担侵权责任。①

---

① 徐爱国编著：《英美侵权行为法》，法律出版社 1999 年版，第 240 页。

另外，虚假诉讼案件多数情形下是基于当事人之间的互相串通，一般不存在当事人申诉的可能。若想发现裁判错误，很大程度上依赖于与案件结果有利害关系人的告诉和再审程序的启动。但是，不管是《民事诉讼法》还是《行政诉讼法》均没有赋予被诉讼欺诈侵害的案外人以提起诉讼或申请再审的权利。这样，诉讼欺诈的发现和暴露便很难，被害人合法权益也很难得到有效维护。故应修改《民事诉讼法》、《行政诉讼法》，赋予遭受诉讼欺诈被害人对错误裁判或执行提起申诉和申请再审的权利。

第二节　诉讼欺诈发生的原因及防治

一、利益主体多元化及诉讼欺诈防范措施

民事诉讼程序的设计是以当事人一对一的格局为前提和基础的。传统的诉讼观念认为诉讼是敌对双方相互间的斗争。"现代程序的公正与否，其首要考虑的应是对立面的设置。"在任何法律制度下，民事诉讼程序总是包含着利益相反的两方当事人之间的对立和冲突，在民事诉讼程序中采取的都是对抗性辩论原则。但是，随着纠纷的多极化，利益主体出现多元化。在现代诉讼中，常出现一个诉讼有原告、被告、有独立请求权的第三人、无独立请求权的第三人四种代表不同利益的主体的情形。在交涉与冲突中，部分利益主体有可能由对立走向统一，共同对抗其他利益主体。这样，势必使建立在一对一诉讼格局之上并使对立状态理想化的当事人主义和辩论主义以及具体诉讼制度不仅目的落空，而且反而被用来作为谋取私利的工具。在必要共同诉讼中，必要共同诉讼人之间并非完全利益

一致，部分必要共同诉讼人也有可能与对方当事人暗中勾结。事实上，在多极利益主体存在的情况下，对立的牢固程序是需要格外保护的。一旦失去了对立性，诉讼欺诈就容易发生。

由于利益主体多元化在现代社会不可避免，故应该加强法官的审查干预，对应当是对立的主体表现为合作的双方、对急于达成调解协议双方提交的证据、诉求要加强审查，只要有怀疑，就应放弃一方的主张被对方认可就认定事实的做法，进行必要的调查了解，一旦发现违法行为，即给予严厉制裁。可喜的是，2008 年 11 月浙江省高级人民法院在《关于在民事审判中防范和查处虚假诉讼案件的若干意见》中要求审判人员应对一些常发生诉讼欺诈的案件类型予以特别关注，规定出现哪些情形审判人员应当予以谨慎审查，以防范虚假诉讼。广东省高级人民法院 2010 年 10 月出台的《关于强化审判管理防范和打击虚假民事诉讼的通知》，明确提出了在立案、审理、执行各阶段准确把握识别虚假诉讼的方法，规定人民法院将建立虚假民事诉讼嫌疑案件案外人通报制度，在诉讼过程中发现案件可能损害案外人利益时，要将情况及时向利益相关人通报，或主动通知第三人参加诉讼。① 黑龙江省高级人民法院日前下发的《关于处理虚假诉讼行为若干问题的指导意见》也明确要求，各级法院要重点关注被告为已经资不抵债或者不具有偿付能力的企业法人等 11 类案件，着重审查是否存在虚假诉讼行为。经审查确认属虚假诉讼的，裁定驳回起诉。该意见还对借款、离婚、确认物权等几类“高危”案件明确了更严格细致

① 戎明昌、何娟：《广东高院出台新规防治虚假民事诉讼》，载 http：//www. chinanews. com/home/，2010 年 11 月 2 日访问。

的审查要求。[1]

但以上均是个别地方司法机关的解释，只能在其所在的省内执行，最高人民法院、最高人民检察院应在总结地方司法机关经验的基础上，尽快制定出全国适用的司法解释，使全国司法机关加强对诉讼欺诈的防范和识别、对查实的诉讼欺诈从严惩处。

二、诉讼参加人与权利利益主体的分离及诉讼欺诈防范措施

“诉讼参加者都有自己的利益，为了最大限度地实现私权，其会动员一切可能动员的手段。”可以这么说，追求利益最大化，是激励当事人发挥主观能动性的内在动力。辩论主义的依据是：对民事争议，当事人双方处于利害关系之中，这种利害关系使当事人都抱有尽可能求胜的心理状态，法院就可以利用当事人的这种趋利避害的心理，让当事人提出自己的主张，让其全力提供证据。当事人主义诉讼模式就是利用当事人双方的利益冲突机制，使当事人双方为了得到胜诉判决而尽力提出有利于自己的事实，法院可以在这些主张的过程中发现真实。

一般来说，诉讼参加人的利益损失越大，实现相应诉讼行为的意志就越显坚定；主体通过诉讼可能获得的利益越大或可以避免的损失越多，实施相应诉讼行为的意志就越强。相反，利益不大，或诉讼可能得到的利益较小，则往往促使主体放弃诉讼或放弃实施某些诉讼行为。因此，在诉讼参加

---

① 白龙：《法庭上唇枪舌剑，法庭下利益分成 多管齐下严打虚假诉讼》，载《人民日报》2010年9月8日，第19版。

人与实体权利主体不一致的情况下，诉讼参加人在利益交涉中对诉讼欺诈的风险或代价作必要的考虑后，做出与对方当事人串通损害实体权利主体的行为的可能是存在的，如国有单位的法定代表人、主要负责人或其诉讼代理人与对方当事人勾结，损害国有单位利益的情况就时有发生。针对诉讼代理人与对方勾结损害被代理人利益的情况，《民事诉讼法》第59条规定，诉讼代理人代为承认、放弃、变更诉讼请求，进行和解，提起反诉或者上诉，必须有委托人的特别授权。此规定可以在一定程度上遏制诉讼代理人与对方当事人勾结损害被代理人的情况。但审判人员应该做到：即使有被代理人的特别授权，但涉及被代理人重大利益时，对诉讼代理人的诉讼行为也应向被代理人核对或征求意见。国有单位法定代表人或主要负责人参与诉讼，按诉讼法规定，其意志就是国有单位的意志，即使因法定代表人或主要负责人损害了本单位利益可能承担民事、行政或刑事责任，但那是被暴露后的事后制裁，由于侵权人个人财力所限也不可能完全弥补国有单位损失，故最高人民法院或其他各级法院应研究规定：如果法定代表人、主要负责人、诉讼代理人的诉讼行为明显损害了国有单位利益，不应即刻认可，应征求该国有单位主管单位的意见，主管单位同意的才认可其诉讼行为。

只有作出上述限定，在诉讼参加人与实体利益主体分离的情况下才能有效防止诉讼参加人与对方勾结损害国有单位利益行为的发生。

三、现行法律规定及处罚的不足与完善

一是刑法规制缺位。诉讼欺诈如此之多，原因之一是成本收益反差巨大，被发现的诉讼欺诈行为人所追求的不法利益，

与诉讼欺诈的成本或被发现可能受到的惩罚相比，存在巨大反差。因为依现行刑法的规定，许多诉讼欺诈行为无法入罪，倘若诉讼欺诈东窗事发，行为人最多被处以罚款、拘留，而被追究刑事责任的屈指可数，使行为人认为有利可图而进行欺诈，故应修改刑法增设诉讼欺诈罪。

二是《民事诉讼法》、《行政诉讼法》未专门规定对诉讼欺诈的制裁，《民法通则》、《侵权责任法》也未专门规定诉讼欺诈人承担的责任。如何完善，前文已述，此处不赘述。

三是现有的诉讼证据规则给诉讼欺诈人提供了可乘之机。按照最高人民法院关于民事诉讼证据规则的规定，民事诉讼证据规则是谁主张谁举证，为追求办案效率，证明要求是盖然性而不是必然性，故只要是优势证据即可，对诉讼双方一方当事人的主张诉讼对方认可的，法院则予以认定，法院只有在当事人及其诉讼代理人确因客观原因不能自行收集又必须收集材料或法院认为有必要收集核实时才主动收集。这种证据规则在使民事诉讼的效率大大提高的同时，也给当事人双方串通进行诉讼欺诈或威胁、引诱证人作伪证等提供了可乘之机。为追求诉讼效率采用此种证据规则无可厚非，但应有相应严惩诉讼欺诈的相关法律来遏制诉讼欺诈及作伪证之人。否则，人们在巨大利益与较少处罚代价的情况下易选择诉讼欺诈来转嫁或躲避危机。还有前文论述的对法定代表人、诉讼代理人的诉讼行为应严格审查，只要发现其代表、代理行为损害被代理人利益，就应认定其行为无效。

四、社会诚实信用原则的缺失及完善

我国正处在一个社会转型的特殊时期，市场的激烈竞争使许多单位、个人因无法适应而陷入生存危机，在法制不健

全、信用机制不健全、社会诚实守信的良好道德尚未形成风尚时，人们易选择违法来求得竞争优势。中国政府宣布2000年年末已初步建立了社会主义市场经济，但信用制度建设的试点工作2001年才刚刚开始展开。这是因为中国是在计划经济的基础上开始向市场经济转轨的，过去通过行政命令衔接企业间和个人间的经济联系，是不需要多少信用来发挥作用的。然而，当市场取向的改革被启动的时候，社会并未同步确立起讲求信用的市场规则，于是竞争便在没有信用约束的环境下展开。由于各经济主体趋利动机的日益强烈，在社会没有完善的法规和执法不严的情况下，追求自身利益最大化便成为一种普遍的行为准则，社会失信现象也比比皆是。发达国家企业、个人的诚实信用好于我国，与“新教伦理”的文化背景和道德规范固然有一定关系，但主要还是因为其国民信用体系比较完善，特别是因为失信和欺骗行为会使加害方自身遭受严重损失，使人们不敢以身试法，如此日积月累，守信才成为社会的风尚。目前，经济生活对建立信用制度已提出迫切要求，社会普遍存在的失信现象已构成经济增长的桎梏，严重阻碍了经济发展的进一步推进。这就要求我们应迅速进行信用制度的基础建设，为各行各业提供信用资料和评估结果。党的十六大、十六届三中全会明确了社会信用体系建设的方向和目标。我国“十一五”规划提出，要以完善信贷、纳税、合同履约、产品质量的信用记录为重点，加快建设社会信用体系。中国人民银行征信系统已建立，其包括了企业信用信息基础数据库和个人信用信息基础数据库。企业信用信息基础数据库始于1997年，在2006年7月份实现全国联网查询。个人信用信息基础数据库的建设最早始于1999年，2005年8月底完成与全国所有商业银行和部分有条件的农村信用社的联网运行。2006年1月，个人信用信息基础数据库正式运行。但我国还无相关法律法规规范规定其纳入不良信用记录的有哪些行为，何机关、何人可以通过何种程序查询征信系统中的信息。笔者认为，现有的征信系统应与公安、法院、检察院加强联系，当自然人或单位的诉讼欺诈等违法或犯罪行为经查实、对其认定的法律文书发生法律效力后，应录入其信用系统。没有良好信用的个人和单位会在参与市场中受到巨大损害，如不能贷到款、不能取得交易对方信任、难以就业等，这会使个人、企业等不敢或不愿进行诉讼欺诈。可喜的是，2011年10月，《国务院办公厅关于社会信用体系建设的若干意见》明确了加快推进社会信用体系建设的重要性和紧迫性，提出了社会信用体系建设的指导思想、目标和基本原则，提出要完善行业信用记录，推进行业信用建设，加快信贷征信体系建设，建立金融业统一征信平台，培育信用服务市场，稳妥有序对外开放，完善法律法规，加强组织领导，等等。现在全国法院被执行人信息查询系统已与人民银行联网，恶意逃债的被执行人的相关信息人民银行随时都能查询。[①] 笔者相信，经过今后数年的完善，我国的征信系统会在遏制不诚实守信方面起到巨大作用，诚实守信会成为人们的风尚。

五、完善有关制度，减少诉讼欺诈发生

任何一项法律制度的设计均应防范有人钻空子，尽管不可能完全杜绝钻法律空子的现象，但制度设计应尽可能严密。例

---

① 蒋安杰：《金融与司法：信息共享　制裁联动》，载 http://www.legaldaily.com.cn/，2010年11月24日访问。

如，我国《婚姻法》第19条规定：“夫妻可以约定婚姻关系存续期间所得的财产以及婚前财产归各自所有、共同所有或部分各自所有、部分共同所有。约定应当采用书面形式。没有约定或约定不明确的，适用本法第十七条、第十八条的规定。夫妻对婚姻关系存续期间所得的财产以及婚前财产的约定，对双方具有约束力。夫妻对婚姻关系存续期间所得的财产约定归各自所有的，夫或妻一方对外所负的债务，第三人知道该约定的，以夫或妻一方所有的财产清偿。”此规定隐含的含义是：如夫或妻一方对外所负的债务，第三人不知道该约定的，则还是要以夫妻双方所有的财产清偿，这就排除了夫妻一方事后补虚假财产书面约定来逃避欠他人债务的可能。但有的制度、法律法规的漏洞容易使人钻空子，如住房拆迁补偿按户补偿会导致人们假离婚以获取更多补偿；为调控房价和避免地方陷入卖地冲动，现有的地方正在准备试行房产税，避免有的人以假离婚逃避缴纳房产税。重庆市出台的《个人住房房产税征收暂行办法》规定对以下三种情况征税：（1）个人拥有的独栋商品住宅。（2）个人新购的高档住房。（3）在重庆无户籍、无企业、无工作的个人新购的第二套（含第二套）以上的普通住房。上海市针对本市居民家庭在本市新购且属于该居民家庭第二套及以上的住房和非本市居民家庭在本市新购的住房，家庭全部住房面积人均不超过60平方米的，暂免征收其新购住房的房产税。上述两地的规定均避免了人们以假离婚来逃税，钻制度的空子，值得称赞。

现各地为调整房价而出台的限购令就有不足。据有关报道，北京、深圳、上海等地在2010年出台房地产限购令后，离婚成为应对限购令的好方法。[①] 自北京市“治堵令”的车市新政实施以来，无论购新车还是二手车，都要摇号上牌。在购车指标非常稀缺的同时，却有人在“另辟新径”。据北京市怀柔区人民法院反映，在北京市实行小客车数量调控后，一些二手车买卖双方为规避《北京市小客车数量调控暂行规定》中规定的二手车买卖过户需要摇号的规定，通过编造虚假的债权债务关系，试图以法院判决或裁定的形式办理二手车转让登记。该院认为，此类虚假诉讼源于《北京市小客车数量调控暂行规定》实施细则对二手车转移登记的差别规定。该实施细则第16条第2款规定：“单位和个人在办理车辆购置税、购置税档案转移、二手车销售发票验证、车辆赠与公证等相关手续时，应当出示真实有效的小客车配置指标确认通知书。”该条款明确规定了二手车转移的买方当事人需要具备车辆购买指标。但是，在该细则的第22条规定了例外情形，即“因法院判决、裁定及个人因婚姻、继承发生财产转移的已注册登记的小客车不适用本细则。有关机关依法办理转移登记。”这样，很多具有购买需求的买方当事人便试图通过法院判决的形式，不经摇号而办理车辆转让申请手续。[②]

《最高人民法院关于民事诉讼证据的若干规定》第8条规定：“诉讼过程中，一方当事人对另一方当事人陈述的案件事

---

① 中国广播网：《房地产限购令催生“离婚潮”自觉自愿无从管理》，载 http://house.people.com.cn/房产社区论坛，2011年1月25日访问。

② 赵华军：《北京二手车过户新政易引发虚假诉讼》，载 http://www.chinacourt.org/html/article/201102/15/441522.shtml，2011年2月16日访问。

实明确表示承认的，另一方当事人无需举证。但涉及身份关系的案件除外。”这为双方串通诉讼欺诈提供了可乘之机，故对有诉讼欺诈嫌疑的案件，应放弃此做法，并向有关人员、单位通报案件情况；法官应主动调查疑点，不能直接认定当事人主张或认可的事实、诉求。社会管理过程中一项新的政策、法规的出台，一定要经过细致论证，避免漏洞，以大大减少诉讼欺诈的发生。

参考文献

一、著作类（以引用先后为序）

1. 刘明祥著:《财产罪比较研究》，中国政法大学出版社2001年版。

2. ［日］大塚仁著:《刑法概说（各论）》（第三版），冯军译，中国人民大学出版社2003年版。

3. 赵秉志主编:《外国刑法各论》（大陆法系），中国人民大学出版社2006年版。

4. 刘仁文、王祎等译:《美国模范刑法典及其评注》，法律出版社2005年版。

5. 张晋藩、林中、王志刚著:《中国刑法史新论》，人民法院出版社1992年版。

6. 杨佩正著:《涉讼犯罪论》，中国检察出版社2007年版。

7. 林山田著:《刑法各罪论》（上册），1999年版。

8. 敬大力主编:《刑法修订要论》，法律出版社1997年版。

9. 李希慧主编:《妨害社会管理秩序罪新论》，武汉大学出版社2001年版。

10. 李培泽、周永清主编：《新刑法适用》，警官教育出版社 1997 年版。

11. 李三宝、祖铁军主编：《罪名适用新解》，中国人民公安大学出版社 2003 年版。

12. 黄京平主编：《妨害证据犯罪新论》，中国人民大学出版社 2007 年版。

13. 卢铁峰著：《刑法新设罪名解析》，广州出版社 1997 年版。

14. 周其华著：《中国刑法罪名释考》，中国方正出版社 2000 年版。

15. 樊凤林、周其华、陈兴良主编：《中国新刑法理论研究》，人民法院出版社 1997 年版。

16. 高铭暄、马克昌主编：《中国刑法解释》（下卷），中国社会科学出版社 2005 年版。

17. 张明楷著：《刑法分则的解释原理》，中国人民大学出版社 2004 年版。

18. 苏惠渔主编：《刑法学》，中国政法大学出版社 2001 年版。

19. 赵秉志主编：《妨害司法罪疑难问题司法对策》，吉林人民出版社 2000 年版。

20. 何秉松主编：《刑法教程》，中国法制出版社 1998 年版。

21. 赵秉志主编：《刑法相邻相近罪名界定与运用》（下），吉林人民出版社 2000 年版。

22. 欧阳涛、魏克家、刘仁文主编：《中华人民共和国新刑法注释与适用》，人民法院出版社 1997 年版。

23. 何秉松主编：《职务犯罪的预防与惩治》，中国方正出版社 1999 年版。

24. 赵秉志主编：《妨害司法罪》，中国人民公安大学出版社 1999 年版。

25. 阴建峰、周加海主编：《共同犯罪适用中疑难问题研究》，吉林人民出版社 2001 年版。

26. 赵秉志主编：《扰乱公共秩序罪》，中国人民公安大学出版社 2003 年版。

27. 王作富主编：《刑法分则实务研究》（下册），中国方正出版社 2003 年版。

28. 钱叶六著：《犯罪实行行为着手研究》，中国人民公安大学出版社 2009 年版。

29. ［意］杜里奥·帕多瓦尼著：《意大利刑法学原理》，陈忠林译评，法律出版社 1998 年版。

30. 张明楷著：《刑法学》，法律出版社 2003 年版。

31. 陈兴良主编：《刑法学》，复旦大学出版社 2009 年版。

32. 陈忠林主编：《刑法学》，法律出版社 2006 年版。

33. 李永升主编：《刑法总论》，法律出版社 2011 年版。

34. 徐爱国编著：《英美侵权行为法》，法律出版社 1999 年版。

35. 王利明主编：《中国民法典草案建议稿及说明》，中国法制出版社 2004 年版。

36. ［日］牧野英一著：《日本刑法通义》，陈承泽译，中国政法大学出版社 2003 年版。

二、论文类（以引用先后为序）

1. 袁定波：《虚假诉讼案件已明显有蔓延之势司法实务界建议修正刑法解决对虚假诉讼制裁问题》，载《法制日报》

2009 年 5 月 30 日。

2. 陈东升：《特别关注：全国首个阻击虚假诉讼规定出台的内幕》，载《法制日报》2008 年 12 月 16 日。

3. 白龙：《法庭上唇枪舌剑，法庭下利益分成　多管齐下严打虚假诉讼》，载《人民日报》2010 年 9 月 8 日。

4. 陈东升、马岳君、黄胜贤、刘波：《虚假诉讼愈演愈烈　浙江打防出重拳》，载 http://www.legaldaily.com.cn，2010 年 12 月 17 日访问。

5. 戎明昌、何娟：《广东高院出台新规防治虚假民事诉讼》，载 http://www.chinanews.com/home/，2010 年 11 月 1 日访问。

6. 王锲夫：《从一场荒诞的讨薪闹剧看诉讼欺诈》，载《公民导刊》2010 年第 1 期。

7. 邓新建：《诉讼诈骗频发呈全国蔓延趋势》，载《法制日报》2009 年 3 月 9 日。

8. 南都：《老夫妇败诉法院门口自杀　法官涉嫌玩忽职守受审》，载《扬子晚报》2003 年 4 月 25 日。

9. 潘从武、田瑾：《检方披露宁夏首例虚假诉讼案真相》，载 http://www.legaldaily.com.cn/，2011 年 1 月 16 日访问。

10. 董玉庭：《论诉讼诈骗及其刑法评价》，载《中国法学》2004 年第 2 期。

11. 于改之、赵慧：《诉讼诈骗行为性质之认定——武汉大学法学院刑法学专业博士研究生座谈纪要》，载《法学评论》2005 年第 1 期。

12. 柳忠卫、石磊：《诉讼欺诈行为研究——以刑法为视角的分析》，载《山东公安专科学校学报》2003 年第 5 期。

13. 方福建：《论诉讼欺诈行为的法律责任》，载《河北法学》2002 年第 6 期。

14. 陈桂明、李仕春：《诉讼欺诈及其法律控制》，载《法学研究》1998 年第 6 期。

15. 张卫兵：《论诉讼欺诈之刑法调整》，载《国家检察官学院学报》2004 年第 5 期。

16. 于海生：《诉讼欺诈的侵权责任》，载《中国法学》2008 年第 5 期。

17. 张明楷：《论三角诈骗》，载《法学研究》2004 年第 2 期。

18. 常鸣、黄海涛：《民事诉讼的“假打”与“打假”》，载 http://rmfyb.chinacourt.org/public/detail.php？id = 133877，2009 年 11 月 29 日访问。

19. 范雪旺：《诉讼诈骗基本理论及解决路径探索——以诈骗罪构成理论重构为视角》，载《云南大学学报》（法学版）2009 年第 3 期。

20. 龚凌：《诉讼欺诈的刑法规制及立法建议》，西南政法大学 2009 年硕士毕业论文。

21. 张平：《增设“利用诉讼诈骗罪”之建言》，载《国家检察官学院学报》1999 年第 4 期。

22. 南都：《老夫妇败诉法院门口自杀　法官涉嫌玩忽职守受审》，载《扬子晚报》2003 年 4 月 25 日。

23. 徐选礼：《打着讨薪旗号实施诉讼诈骗　深圳特大骗薪案终审宣判　主角胡玉林被判刑十四年》，载《检察日报》2005 年 7 月 20 日。

24. 杨波：《偷出欠条去告状？法院判他诈骗罪》，载《重庆晚报》2006 年 6 月 13 日。

25. 郭云程：《也论诉讼欺诈及其刑事法律应对》，载《法制与经济》2009 年第 22 期。

26. 李福芹：《证据犯罪研究》，2002 年西南政法大学硕士学位论文。

27. 叶高峰、彭文华：《危险犯研究》，载《郑州大学学报》（社科版），2000 年第 6 期。

28. 李翔、黄京平：《论诉讼欺诈的可罚性及其立法完善》，载《云南大学学报》（法学版）2004 年第 6 期。

29. 王焰明：《试析诉讼欺诈案件的定性》，载《人民检察》2001 年第 8 期。

30. 童德华：《特殊行为的诈骗性质探析》，载《政治与法律》2009 年第 7 期。

31. 王雨田：《“诉讼诈骗”的刑法分析》，载《石油大学学报》（社会科学版）2005 年第 1 期。

32. 丁吁平、杨翠莲、姚岚：《也析诉讼欺诈案件的定性》，载《人民检察》2002 年第 2 期。

33. 亓旭岩：《浅析诉讼欺诈行为的定性与处罚》，载《法学杂志》2009 年第 11 期。

34. 王作富：《恶意诉讼侵财更符合敲诈勒索罪特征》，载《检察日报》2003 年 2 月 10 日。

35. 吴玉萍：《诉讼欺诈行为定性研究》，载《中国刑事法杂志》2005 年第 4 期。

36. 张明楷：《论帮助毁灭、伪造证据罪》，载《山东审判》2007 年第 1 期。

37. 《新闻周刊》2000 年 2 月 24 日。

38. 王丽、林维：《论辩护人、诉讼代理人毁灭证据、伪造证据、妨害作证罪》，载陈兴良主编：《刑事法判解》（第 4 卷），法律出版社 2001 年版。

39. 俞利平、娄永强：《关于诉讼欺诈定性的障碍及立法完善》，载《政法学刊》2004 年第 5 期。

40. 曾杰：《诉讼欺诈定性之探讨》，载《江西公安专科学校学报》2004 年第 4 期。

41. 林亚刚：《论想象竞合犯的若干问题》，载《法律科学：西北政法学院学报》2004 年第 1 期。

42. 蒋安杰：《金融与司法：信息共享　制裁联动》，载 http：//www.legaldaily.com.cn/，2010 年 11 月 24 日访问。

43. 中国广播网：《房地产限购令催生“离婚潮”自觉自愿无从管理》，载 http：//house.people.com.cn/房产社区论坛，2011 年 1 月 25 日访问。

44. 赵华军：《北京二手车过户新政易引发虚假诉讼》，载 http://www.chinacourt.org/html/article/201102/15/441522.shtml，2011 年 2 月 16 日访问。

三、法律类

1. 黄道秀译：《俄罗斯联邦刑法典》，中国法制出版社 2004 年版。

2. 徐久生、庄敬华译：《瑞士联邦刑法典》，中国方正出版社 2004 年版。

3. 刘仁文、王祎等译：《美国模范刑法典及其评注》，法律出版社 2005 年版。

4. 张明楷译：《日本刑法典》，法律出版社 2006 年版。

5. 刘涛、柯良栋译：《新加坡刑法》，北京大学出版社 2006 年版。

6. 罗结珍译：《法国新刑法典》，中国法制出版社 2005 年版。

7. 徐久生、庄敬华译：《德国刑法典》，中国法制出版社2000年版。

8. 黄风译：《最新意大利刑法典》，法律出版社2007年版。

9. 潘灯译：《西班牙刑法典》，中国政法大学出版社2004年版。

10. 澳门政府法律翻译办公室译，中国政法大学澳门研究中心、澳门政府法律翻译办公室编：《澳门刑法典、澳门刑事诉讼法典》，法律出版社1997年版。

11. 最高检察院研究室2002年10月24日《关于通过伪造证据骗取法院民事裁判占有他人财物的行为如何适用法律问题的答复》。

12. 浙江省高级人民法院2008年11月《关于在民事审判中防范和查处虚假诉讼案件的若干意见》。

13. 辽宁省高级人民法院2005年《关于审理诈骗犯罪案件适用法律若干问题的意见（试行）》。

14. 黑龙江高级人民法院2010年《关于处理虚假诉讼行为若干问题的指导意见》。

15. 浙江省高级人民法院、浙江省人民检察院2010年8月《关于办理虚假诉讼刑事案件具体适用法律的指导意见》。

16. 广东省高级人民法院2010年10月《关于强化审判管理防范和打击虚假民事诉讼的通知》。